NOUVEL ABRÉGÉ
DES GÉOGRAPHIES
DE NICOLE DE LA CROIX,
CROZAT
ET LENGLET-DUFRESNOY,

PAR DEMANDES ET PAR RÉPONSES.

NOUVELLE ÉDITION,

AUGMENTÉE, revue et corrigée d'après les actes du Congrès de Vienne, les traités de Paris de 1814 et 1815, et sur les meilleures Cartes;

PRÉCÉDÉE D'UN TRAITÉ DE LA SPHÈRE,

Ornée de neuf Cartes nouvellement gravées; — Mappemonde, — Europe, — Asie, — Afrique, — Amérique méridionale, — Amérique septentrionale, — France, — Italie, — Allemagne.

A L'USAGE DES COMMENÇANTS;

PAR UN PROFESSEUR DE GÉOGRAPHIE.

PARIS,
DE L'IMPRIMERIE D'AUGUSTE DELALAIN,
LIBRAIRE, rue des Mathurins St.-Jacques, n°. 5.

SEPTEMBRE 1817.

Toutes mes Editions sont revêtues de ma signature.

TABLE
DES CHAPITRES.

FIN DE LA TABLE DES CHAPITRES.

TRAITÉ
ABRÉGÉ
DE LA SPHÈRE.

NOTIONS GÉNÉRALES.

D. Qu'entend-on par le mot *sphère?*

R. Le mot *sphère* signifie globe ou boule. En géographie on donne ordinairement ce nom à une machine composée de plusieurs cercles, au milieu desquels est une petite boule qui représente la terre. Cette machine se nomme *sphère armillaire*, sphère de Ptolémée (1), ou simplement sphère. Elle représente le monde ou la sphère naturelle.

D. Qu'est-ce que le monde?

R. Le *monde* est l'assemblage de tous les corps que Dieu a créés; ce qui comprend toute la vaste étendue du ciel avec les astres qui y sont, et la terre qui paroît immobile au milieu.

D. Quelle est la forme du monde?

R. Selon l'opinion la plus commune et la mieux fondée, le monde est *rond;* mais, ne fût-ce qu'une supposition, elle sert à faire comprendre plus facile-

---

(1) Quoique le système du monde de Ptolémée ne soit plus suivi par les astronomes, il est adopté ici parcequ'il est plus conforme aux mouvements apparents des astres, et qu'il est représenté dans la sphère artificielle. Dans le système de Ptolémée, la terre est supposée au centre du monde; dans celui de Copernic, qui est le vrai système du monde, la terre, aussi bien que les planètes, tourne autour du soleil qui est fixe.

ment ce qui se passe dans le ciel, et elle n'y apporte aucun changement.

D. Qu'est-ce que le ciel ?

R. Le *ciel* est le grand espace où se meuvent les corps célestes. Son extrémité est la même que celle du monde ; c'est pourquoi sa figure étant supposée ronde, on lui donne le nom de sphère céleste.

D. Comment se fait le mouvement du ciel ?

R. Ce mouvement paroit se faire d'orient en occident, autour d'une ligne qui est supposée passer par le centre de la terre, et aller se terminer en deux points opposés du ciel, lesquels seuls ne changent pas de place. Tous les astres sont emportés par ce mouvement.

D. Comment nomme-t-on la ligne autour de laquelle se fait ce mouvement ?

R. Elle s'appelle l'*axe* ou *essieu* du monde, parceque le ciel et les astres se meuvent autour de cette ligne, comme une roue autour de son essieu.

D. Comment appelle-t-on les deux points du ciel où l'axe se termine ?

R. On les nomme les *pôles du ciel* ou *du monde* ; l'un est le pole septentrional ou arctique ; l'autre, le pôle méridional ou antarctique.

D. Les astres n'ont-ils pas un autre mouvement ?

R. Outre ce mouvement qu'on appelle commun ou journalier, par lequel les astres tournent avec le ciel d'orient en occident, ils en ont encore un autre qui leur est propre, par lequel ils vont d'occident en orient.

D. Comment détermine-t-on la situation des astres, leur mouvement et leurs distances respectives ?

R. On a imaginé pour cela dans le ciel plusieurs *cercles*, dont les principaux sont représentés dans la sphère artificielle.

DES CERCLES DE LA SPHÈRE.

D. Qu'est-ce qu'un cercle ?

R. Si on appuie la pointe d'un compas sur un papier, et que l'on fasse tourner l'autre branche, la ligne que la pointe de cette seconde branche décrira dans son mouvement est la circonférence du cercle : le plan du cercle ou le cercle est l'espace même renfermé dans cette ligne. On doit donc s'imaginer que les cercles de la sphère artificielle, qui ne sont presque que des circonférences, n'ont point de vide jusqu'à leur centre.

D. Combien distingue-t-on de sortes de cercles dans la sphère?

R. Il y a deux sortes de *cercles* dans la sphère ; de *grands* et de *petits*.

D. Qu'entendez-vous par grands cercles de la sphère ?

R. Les *grands cercles* sont ceux qui coupent la sphère en deux parties égales, et qui par conséquent ont le même centre que la sphère.

D. Qu'est-ce que les petits cercles de la sphère ?

R. Les *petits cercles* sont ceux qui, n'ayant pas le même centre que la sphère, la coupent en deux parties inégales.

D. Qu'entendez-vous par pôles d'un cercle de la sphère ?

R. Les *pôles* d'un cercle sont deux points pris dans la surface de la sphère, également éloignés de tous les points de la circonférence de ce cercle.

D. Qu'est-ce que l'axe d'un cercle ?

R. L'*axe* d'un cercle est la ligne droite tirée d'un pôle de ce cercle à l'autre pole.

D. Qu'entendez-vous par cercles parallèles ?

R. Des cercles sont parallèles quand ils sont également éloignés l'un de l'autre dans toute leur étendue.

D. Comment divise-t-on la circonférence d'un cercle?

R. On divise tout cercle ou sa circonférence, en trois cent soixante parties égales, qu'on appelle degrés. Chaque degré se subdivise en soixante parties qu'on appelle minutes; chaque minute en soixante parties, nommées secondes, etc. Dans les sphères ordinaires on ne marque que les degrés.

D. Combien y a-t-il de cercles à remarquer dans la sphère ?

R. Il y en a dix : six grands et quatre petits.

Les grands sont l'Equateur, le Zodiaque, les deux Colures, l'Horizon et le Méridien.

Les petits sont les deux Tropiques et les deux cercles Polaires.

DE L'ÉQUATEUR.

D. Qu'est-ce que l'équateur ?

R. L'*équateur* est un grand cercle dont tous les points sont également distants des deux pôles du monde : il coupe ou divise la sphère en deux parties égales ; l'une septentrionale, vers le pôle arctique, et l'autre méridionale, vers le pôle antarctique.

D. Ce cercle n'a-t-il pas encore un autre nom ?

R. Oui : on le nomme aussi ligne *équinoxiale*, parceque, quand le soleil y arrive et le décrit par son mouvement diurne, c'est le temps des *équinoxes*, c'est-à-dire, où le jour et la nuit sont égaux.

DU ZODIAQUE.

D. Qu'est-ce que le zodiaque ?

R. Le *zodiaque* n'est pas un véritable cercle, puisque sa circonférence a de la largeur sur la surface de la sphère, et que la circonférence d'un cercle n'en a point. On a donné au zodiaque seize degrés de largeur, pour y comprendre le cours des planètes : mais parmi les petites planètes récemment découvertes, il en est une qui s'écarte de trente-cinq degrés, au sud et au nord de l'écliptique ; il faudroit donc donner actuellement soixante-dix degrés de largeur au zodiaque.

L'équateur coupe le zodiaque en deux parties égales, dont l'une est septentrionale et l'autre méridionale.

D. Comment nomme-t-on le grand cercle oblique dont la circonférence partage en deux parties égales la largeur du zodiaque ?

R. On nomme ce grand cercle *écliptique* : ce cercle

est celui que paroît décrire le soleil dans son mouvement annuel. On l'appelle ainsi, parceque c'est dans le plan de ce cercle que se forment les éclipses de soleil et de lune. L'écliptique coupe l'équateur, de manière que la plus grande distance de ces deux cercles, est d'environ vingt-trois degrés et demi ; les deux points opposés de l'écliptique qui sont à cette distance de l'équateur, se nomment *solstices*, parceque le soleil, arrivé à ces points de sa révolution, paroît s'arrêter avant de revenir sur ses pas.

D. Comment divise-t-on le zodiaque ?

R. Le zodiaque est divisé en douze parties égales qu'on appelle signes : chacun de ces signes contient trente degrés ; il y en a six vers le septentrion et six vers le midi. Voici les noms de ces signes avec les caractères qui servent à les représenter.

Les six septentrionaux sont :

Aries,	le Bélier,	♈
Taurus,	le Taureau,	♉
Gemini,	les Gémeaux,	♊
Cancer,	l'Écrevisse,	♋
Leo,	le Lion,	♌
Virgo,	la Vierge,	♍

Les six méridionaux sont :

Libra,	la Balance,	♎
Scorpius,	le Scorpion,	♏
Sagittarius,	le Sagittaire,	♐
Capricornus,	le Capricorne,	♑
Aquarius,	le Verseau,	♒
Pisces,	les Poissons,	♓

D. A quoi répondent les douze signes du zodiaque ?

R. Ces douze signes répondent aux douze mois de l'année. Le soleil entre au signe du Bélier vers le 20 mars ; à la fin d'avril il entre dans le signe suivant, et ainsi de suite dans les autres signes.

D. Quel est l'ordre des signes ?

R. L'ordre des signes est d'occident en orient, suivant le mouvement propre du soleil.

DES DEUX COLURES.

D. Qu'est-ce que les colures ?

R. Les *colures* sont deux grands cercles qui passent par les pôles du monde : l'un coupe l'équateur aux deux points des *équinoxes ;* on le nomme colure des *équinoxes :* l'autre passe par les deux points de l'écliptique les plus éloignés de l'équateur, qui sont les points des *solstices ;* et on le nomme colure des *solstices.*

D. Quels sont les points des équinoxes ?

R. Les points des équinoxes sont le commencement du Bélier et de la Balance ; quand le soleil s'y trouve, le jour est égal à la nuit par toute la terre.

D. A quelle époque de l'année arrivent les équinoxes ?

R. Lorsque le soleil entre dans le signe du Bélier, ce qui arrive vers le 20 mars, c'est dans notre hémisphère, l'équinoxe du printemps. lorsqu'il entre au signe de la Balance, ce qui arrive vers le 22 septembre, c'est l'équinoxe d'automne : c'est le contraire pour l'hémisphère opposé.

D. Quels sont les points des solstices ?

R. Les points des solstices sont le commencement des signes du Cancer et du Capricorne. Le premier degré du Cancer est pour l'Europe le point du solstice d'été ; nous avons alors le plus long jour de l'année : le premier degré du Capricorne est le point du solstice d'hiver ; c'est pour nous le jour le plus court de l'année.

D. Dans quel temps de l'année arrivent les solstices ?

R. Le soleil entre au signe du Cancer vers le 22 juin ; il entre au signe du Capricorne vers le 22 décembre.

DE L'HORIZON.

D. Qu'est-ce que l'horizon ?

R. L'*horizon* est un grand cercle qui sépare la partie visible du ciel d'avec celle qui est invisible.

D. Quels sont les pôles de l'horizon ?

.es de l'horizon sont deux points du ciel, .ii est au-dessus de notre tete s'appelle l'autre qui lui est directement opposé se *dir.*

rizon est-il le même pour tous les points de

: comme chaque endroit de la terre a un ticulier, il s'ensuit qu'il a aussi un horizon

bien y a-t-il de sortes d'horizons?

a deux sortes d'horizons; l'*horizon rationnel* *sensible.*

st-ce que l'horizon rationnel?

izon rationnel est celui qui, passant par le .a sphère, la coupe en deux parties égales, me hémisphères, dont l'un est supérieur ou .itre inférieur ou invisible.

t-ce que l'horizon sensible?

izon sensible est un cercle parallèle à l'honnel, qui touche la surface de la terre au it nos pieds. C'est le petit cercle qui borne lorsque nous sommes en pleine campagne.

est l'usage de l'horizon?

izon sert à marquer le lever et le coucher Lorsqu'un astre vient sur l'horizon, il se ut le voir pendant qu'il est sur cet horizon : dessous, il se couche, et l'on ne peut

DU MÉRIDIEN.

t-ce que le méridien?

ridien est un grand cercle qui passe par monde, et par le zénith et le nadir du est le méridien.

quoi nomme-t-on ce cercle méridien?

ppelle méridien, parcequ'il est midi pour ui sont sous ce cercle, lorsque le soleil y orizon; et minuit, lorsqu'il y passe au-horizon.

sont les autres usages du méridien?

R. Le méridien coupe le monde en deux hémisphères, dont l'un est appelé oriental, et l'autre occidental : l'oriental est celui où les astres se lèvent ; l'occidental, celui où ils se couchent.

Il sert encore à marquer la hauteur du pôle, c'est-à-dire, l'élévation du pôle au-dessus de l'horizon ; car, quand les pôles du monde ne sont point dans l'horizon, il y en a un au-dessus et l'autre au-dessous. L'élévation de celui qui est au-dessus se compte par le nombre de degrés que contient la partie du méridien qui est entre ce pôle et l'horizon.

D. Tous les lieux de la terre ont-ils le même méridien ?

R. Non : le méridien passant à la fois par les deux pôles du monde, et par le zénith et le nadir du lieu, il est clair qu'on peut aller d'un pôle à l'autre sans changer de méridien, mais qu'on ne peut faire un pas d'orient en occident, ou d'occident en orient, sans en changer.

DES TROPIQUES

ET DES CERCLES POLAIRES.

D. Qu'est-ce que les tropiques ?

R. Les *tropiques* sont deux petits cercles parallèles à l'équateur, et qui en sont éloignés de vingt-trois degrés et demi.

On voit par là qu'ils touchent l'écliptique, l'un au commencement du Cancer, et on l'appelle le tropique du Cancer ; l'autre au commencement du Capricorne, et on le nomme le tropique du Capricorne.

D. Qu'est-ce que les cercles polaires ?

R. On appelle ainsi deux petits cercles parallèles à l'équateur, éloignés chacun d'un des pôles du monde de vingt-trois degrés et demi : celui qui est vers le pôle arctique est appelé cercle polaire arctique, l'autre s'appelle cercle polaire antarctique.

DES ASTRES

ET DE LEURS MOUVEMENTS.

D. Combien distingue-t-on de sortes d'astres ?

R. On distingue deux sortes d'astres, les *étoiles fixes* et les *planètes*.

D. Qu'entendez-vous par étoiles fixes?

R. Les *étoiles fixes* sont appelées ainsi, parcequ'elles conservent toujours entr'elles la même distance.

D. Qu'entendez-vous par planètes?

R. Les *planètes* ou *astres errants* ont reçu ce nom, parcequ'elles sont tantôt plus proches, et tantôt plus éloignées les unes des autres.

DES ÉTOILES FIXES.

D. Le nombre des étoiles fixes est-il connu?

R. Non : il est impossible de dire au juste combien il y a d'étoiles; on sait seulement qu'elles sont en très grand nombre. Ptolémée et les autres anciens astronomes en comptoient 1022. Depuis l'invention des lunettes à longue vue, on ne peut douter qu'il n'y en ait un bien plus grand nombre; et la seule *voie lactée*, que le vulgaire appelle le *chemin de Saint-Jacques*, n'est qu'un amas d'étoiles.

D. La lumière des étoiles fixes leur est-elle propre?

R. Oui : les étoiles fixes ont une lumière qui leur est propre : il n'en est pas de même des *planètes*, qui sont des corps opaques, et qui n'ont de lumière que celle qu'elles reçoivent du soleil.

D. Comment a-t-on partagé les étoiles fixes?

R. On a partagé les étoiles fixes en différents groupes, qu'on appelle *constellations*. On compte en tout 62 constellations; 23 dans la partie septentrionale, 27 dans la partie méridionale, et 12 dans le zodiaque.

D. Comment se fait le mouvement des étoiles fixes?

R. Les étoiles fixes, par leur mouvement commun, décrivent des cercles parallèles à l'équateur : plus elles en sont éloignées, plus leurs cercles sont petits. Leur mouvement particulier d'occident en orient forme des cercles parallèles à l'écliptique. Le mouvement des étoiles est très lent; elles sont 70 ans à faire un degré, et conséquemment plus de 25,000 ans à faire leur révolution entière.

DES PLANÈTES EN GÉNÉRAL.

D. Combien y a-t-il de planètes?

R. Elles sont au nombre de sept non compris la terre (1); les voici avec les signes dont on se sert pour les représenter.

Soleil. ☉
Mercure. . . . . ☿
Vénus. ♀
Terre. ♁
Lune. ☾
Mars. ♂
Jupiter. . . . . ♃
Saturne. . . . . ♄

(1) On a fait depuis quelques années de très grandes découvertes en astronomie. On ne connoissoit auparavant que sept planètes, parmi lesquelles on comprenoit le Soleil et la Lune. Ce nombre paroissoit invariablement fixé, lorsque M. Herschel, célèbre astronome allemand, qui demeuroit en Angleterre, en découvrit une à Bath, dans les nuits du 3 au 5 avril 1781; elle porte le nom d'*Uranus*. Comme on a rangé la Terre parmi les planètes, et qu'on a cessé d'y comprendre le Soleil et la Lune, le nombre des planètes étoit toujours de sept; mais depuis le commencement de ce siècle, on en a découvert quatre nouvelles. La première fut aperçue à Palerme, le 1er janvier 1801, par M. Piazzi; elle s'appelle *Cérès*. M. Olbers en a découvert une seconde à Brêmen, le 28 mars 1802; son nom est *Pallas*. M. Harding a découvert la troisième à Lilienthal en Saxe: on la nomme *Junon*. Enfin le 19 mars 1807, M. Olbers, à qui on devoit déjà la découverte de Pallas, a aperçu pour la première fois la quatrième, à laquelle on a donné le nom de *Vesta*. Voici les nouvelles planètes avec les signes dont les astronomes se servent pour les représenter.

Vesta . . . . ⚶
Junon . . . . ⚵
Cérès . . . . ⚳
Pallas . . . . ⚴
Uranus . . . . ♅

D. Les planètes sont-elles toujours à la même distance de la terre?

R. Non, le centre de leur mouvement n'est pas le même que celui de la terre : de là leur *apogée*, c'est-à-dire le point où elles sont le plus éloignées de la terre; et leur *périgée*, c'est-à-dire le point où elles sont le plus près de la terre.

DU SOLEIL.

D. Qu'est-ce que le soleil?

R. De toutes les planètes (1), le soleil est la seule qui ait une lumière qui lui soit propre : c'est aussi celle dont le mouvement est le moins irrégulier.

D. Dans quel cercle se fait le mouvement du soleil?

R. Le soleil parcourt l'écliptique sans jamais s'en écarter (2). Le cercle qu'il décrit par son mouvement journalier, est parallèle à l'équateur.

D. Quelle est la distance du soleil à la terre?

R. Le soleil est à environ 33,000,000 de lieues de la terre.

D. Dans quels signes se trouvent l'apogée et le périgée du soleil?

R. L'apogée du soleil est vers le neuvième degré du Cancer, au mois de juin; le périgée vers le neuvième du Capricorne, à la fin de décembre; dans le premier point il est plus éloigné de la terre d'environ 1,000,000 de lieues que dans le second.

D. En combien de temps le soleil fait-il sa révolution?

R. Le soleil s'avançant tous les jours d'un degré

---

(1) Le soleil n'est plus regardé comme une planète, mais comme une étoile fixe.

(2) On parle ici du mouvement des planètes, selon le système de Ptolémée (mort vers 142), et, selon ce qui paroît à nos yeux, parceque c'est d'après ce système, dans lequel on suppose que le soleil tourne autour de la terre, que les globes ont été construits; dans un autre système, qui est celui de Copernic (mort en 1543), c'est le soleil qui est immobile, et la terre tourne : ce second système est aujourd'hui le seul suivi par les savants.

environ d'occident en orient, par son mouvement propre, parcourt les 360 degrés de l'écliptique dans l'espace de 365 jours six heures moins onze minutes; c'est ce qui forme l'année solaire, qui est de 365 jours. Les six heures qui restent font un jour au bout de 4 ans : c'est pourquoi tous les quatre ans, il y a une année bissextile, qui est composée de 366 jours.

D. Toutes les quatrièmes années sont-elles bissextiles?

R. Non : comme il y a onze minutes de moins, ces onze minutes formant un jour en 130 ans, on supprime trois bissextiles dans l'espace de 400 ans. Ainsi la dernière année de chaque siècle n'est point bissextile, excepté de 400 ans en 400 ans.

DE LA LUNE.

D. Qu'est ce que la lune?

R. Quoique la lune nous paroisse plus grande que toutes les autres planètes (1), excepté le soleil, c'est néanmoins la plus petite. Ce qui fait qu'elle nous paroît plus grande que les autres, c'est qu'elle est beaucoup plus près de la terre.

D. Quelle est la distance de la lune à la terre?

R. Elle n'en est éloignée que de 91,000 lieues dans son apogée, et de 80,000 dans son périgée. La lune est 49 fois plus petite que la terre.

D. La lune a-t-elle une lumière qui lui soit propre?

R. Non : la lune est un corps opaque, et elle n'a de lumière que celle qu'elle reçoit du soleil.

D. Qu'entendez-vous par les phases de la lune?

R. On appelle ainsi les différents aspects qu'elle nous présente, suivant sa position, par rapport au soleil et à la terre. On en compte quatre, la nouvelle lune, la pleine lune, le premier et le dernier quartiers.

D. Qu'est-ce que la nouvelle lune?

R. La lune est *nouvelle*, quand elle est du même

---

(1) La lune n'est plus regardée comme une planète, mais comme le satellite de la terre, ou planète secondaire.

côté que le soleil, par rapport à la terre. Alors se trouvant entre le soleil et la terre, sa partie éclairée est vers le soleil, et par conséquent elle ne peut nous éclairer.

D. Qu'est-ce que le premier quartier?

R. A mesure que la lune s'écarte du soleil, une portion de la partie éclairée se présente vers nous, et s'augmentant de jour en jour, forme ce qu'on nomme le *premier quartier*, lorsqu'elle est parvenue au quart de sa révolution.

D. Qu'est-ce que la pleine lune?

R. En s'éloignant de plus en plus du soleil, la lune nous montre une plus grande portion éclairée, jusqu'à ce qu'étant arrivée au milieu de son cercle, elle est du côté opposé au soleil par rapport à la terre: alors toute la partie éclairée étant de notre côté, c'est la *pleine lune*.

D. Qu'est-ce que le dernier quartier?

R. La lune se rapprochant du soleil, la partie éclairée qui est vers nous, diminue; et quand elle est arrivée aux trois quarts de sa révolution, elle est dans son *dernier quartier*.

D. En combien de temps la lune fait-elle sa révolution?

R. La lune fait sa révolution en 27 jours et 8 heures environ; mais comme le soleil, pendant ce temps, a fait 27 degrés, il lui faut plus de deux jours pour l'atteindre; d'où il arrive que ce n'est qu'au bout de 29 jours 12 heures qu'elle se retrouve entre le soleil et la terre; c'est ce qu'on appelle mois lunaire: douze de ces mois font une année lunaire; qui n'a que 354 jours, et ainsi l'année lunaire a onze jours de moins que l'année solaire.

D. Comment se fait le mouvement propre de la lune?

R. Le mouvement propre de la lune se fait suivant un cercle qui coupe l'écliptique en deux points qui s'appellent *nœuds*. Ce cercle s'éloigne un peu de l'écliptique; ce qui empêche qu'il n'y ait éclipse de soleil à toutes les nouvelles lunes (1), et éclipse de lune toutes les fois que cette planète est dans son plein : les éclipses arrivent seulement quand la lune est dans les nœuds, ou fort près des nœuds.

D. Quand y a-t-il éclipse de lune ?

R. Lorsque la lune est du côté opposé au soleil, par rapport à la terre, et qu'en même temps elle est dans ses nœuds ou près de ses nœuds, la terre se trouvant juste entre deux, la lune ne reçoit plus la lumière du soleil ; elle est éclipsée.

D. Quand y a-t-il éclipse de soleil ?

R. Lorsque la lune est du même côté que le soleil par rapport à la terre, et qu'elle est dans ses nœuds ou près de ses nœuds, elle se trouve juste entre le soleil et la terre, et comme elle cache le soleil à celle-ci, on dit qu'il y a éclipse de soleil.

DES AUTRES PLANÈTES.

D. Quelles sont les autres planètes ?

R. Ces planètes sont : Saturne, Jupiter, Mars, Vénus et Mercure. Les trois premières sont plus éloignées de la terre que le soleil ; quelquefois néanmoins Mars en est beaucoup plus proche.

D. Comment se fait le mouvement des planètes ?

R. Par leur mouvement propre, elles vont d'occident en orient, en décrivant des cercles qui coupent l'écliptique en différents points.

D. En combien de temps Saturne fait-il sa révolution ?

R. Saturne fait sa révolution en 29 ans et 155 jours. Il est dix fois plus éloigné du soleil que la terre.

D. Saturne n'a-t-il pas autour de lui des lunes ou satellites ?

R. Saturne est entouré de sept petites lunes ou *satellites*, et d'un cercle qui réfléchit perpétuellement

(1) L'éclipse de soleil devroit plutôt être appelée *éclipse de terre*, puisque ce qu'on appelle ordinairement *éclipse de soleil*, n'est que la privation de la lumière de cet astre pour une partie de la surface de la terre.

la lumière du soleil. On appelle ce cercle l'*anneau de Saturne*.

D. En combien de temps Jupiter fait-il sa révolution ?

R. Jupiter fait sa révolution en 11 ans et 313 jours. Il est cinq fois plus éloigné du soleil que la terre.

D. Jupiter a-t-il des satellites?

R. Oui : cette planète a autour d'elle quatre petites lunes ou *satellites*, qui souffrent de fréquentes éclipses.

D. En combien de temps les autres planètes font-elles leur révolution?

R. Mars fait sa révolution en un an et 322 jours ;

Vénus en sept mois et demi ;

Mercure en trois mois.

Elles n'ont pas de satellites. Les deux dernières se voient toujours aux environs du soleil (1).

DES POSITIONS DE LA SPHÈRE.

D. Qu'entendez-vous par positions de la sphère?

R. Les positions de la sphère sont les différentes manières dont on peut placer et considérer la sphère artificielle, pour voir ce qui arrive à ceux qui ont effectivement la sphère naturelle disposée d'une de ces manières, selon le lieu qu'ils occupent sur la terre.

D. Combien distinguez-vous de ces positions ?

R. Ces positions se réduisent à trois; car la sphère ne peut être que droite, ou parallèle, ou oblique, selon la position de l'équateur par rapport à l'horizon.

D. Qu'est-ce que la sphère droite?

R. La sphère est *droite*, lorsque l'équateur coupe l'horizon perpendiculairement, c'est-à-dire ne penche

---

(1) Uranus a six satellites, et fait sa révolution en 82 ans.

La révolution de Pallas est de 4 ans 243 jours, et sa distance du soleil est de 96,500,000 lieues environ.

La révolution de Cérès est de 4 ans 219 jours, et sa distance du soleil est de 96,000,000 lieues environ.

Vesta fait sa révolution en 4 ans et 4 mois, et sa distance du soleil est à peu près la même que pour les deux précédentes.

La révolution de Junon est de 3 ans et 8 mois, et cette planète est un peu plus près du soleil que les trois précédentes.

ni d'un côté ni de l'autre sur ce cercle. Alors les pôles du monde sont dans l'horizon, et réciproquement les pôles de l'horizon sont dans l'équateur, au zénith et au nadir.

D. Qu'est-ce que la sphère parallèle?

R. La sphère est *parallèle* quand l'équateur et l'horizon sont *parallèles*, ou sont confondus ensemble; alors les pôles du monde sont confondus avec le zénith et le nadir.

D. Qu'est-ce que la sphère oblique?

R. La sphère est *oblique* quand l'équateur coupe l'horizon *obliquement*.

D. Qu'arrive-t-il dans la sphère droite?

R. Dans cette position, en quelqu'endroit de l'écliptique que soit le soleil, les cercles qu'il décrit chaque jour par son mouvement commun, sont coupés en parties égales par l'horizon. Les peuples de la terre qui habitent sous l'équateur, et qui ont leur zénith et leur nadir dans ce cercle, ont la sphère droite : ils ont conséquemment un équinoxe perpétuel : chaque jour de l'année, le soleil est autant de temps sur leur horizon que dessous, et les jours sont chez eux égaux aux nuits pendant toute l'année.

D. Qu'arrive-t-il dans la sphère parallèle?

R. Dans la sphère parallèle, comme l'horizon, confondu alors avec l'équateur, coupe l'écliptique en deux parties égales, l'une supérieure et visible, et l'autre inférieure et invisible, le soleil est six mois sur l'horizon et six mois dessous : en sorte que si nous supposons des hommes sous les pôles, ils n'ont qu'un seul jour et une seule nuit dans toute l'année, l'un et l'autre de six mois : le soleil et les astres qu'ils voient, tournent autour d'eux, en vingt-quatre heures, parallèlement à l'horizon; mais ils ne voient que la moitié des astres. Leur ombre tourne autour d'eux en vingt-quatre heures.

D. Qu'arrive-t-il dans la sphère oblique?

R. Quand la sphère est oblique, tous les cercles que le soleil décrit chaque jour, excepté l'équateur, sont coupés en deux parties inégales par l'horizon; c'est pourquoi les pays où la sphère est oblique ont pendant toute l'année des jours plus longs ou plus courts que les nuits qui les suivent, si on en excepte les jours des équinoxes, auxquels le soleil décrit l'équateur par son mouvement diurne; car alors les jours sont égaux aux nuits par toute la terre.

Dans cette situation de la sphère, il y a une partie du ciel que l'on voit toujours, et une autre que l'on ne voit jamais : ces parties sont plus ou moins grandes, selon que le pôle est plus ou moins élevé au-dessus de l'horizon; ce qu'on peut facilement remarquer avec une sphère.

D. L'inégalité des jours et des nuits est elle la même pour tous les lieux qui ont la sphère oblique?

R. Quoique dans tous les endroits de la terre où la sphère est oblique les jours ne soient pas égaux aux nuits, l'inégalité n'est pas la même partout : plus on approche des pôles, plus la différence est grande. Par exemple, à Paris, le vingt-deuxième jour de juin est de seize heures, et la nuit suivante de huit : en Suède, à Stockholm, le plus long jour est de dix-huit heures et demie, et la nuit qui suit de cinq heures et demie.

La longueur du jour se doit entendre précisément du temps que le soleil est sur l'horizon, sans y comprendre le crépuscule.

D. Qu'est-ce que le crépuscule?

R. Le crépuscule est la lumière qui paroît après le coucher et avant le lever du soleil; cette dernière se nomme ordinairement aurore, et la première retient le nom de crépuscule.

D. Quelle est la durée du crépuscule?

R. Le crépuscule dure tant que le soleil n'est pas abaissé d'environ dix-huit degrés au-dessous de l'horizon : plus les cercles que le soleil décrit chaque jour sont obliques à l'horizon, plus les crépuscules sont longs. Depuis le 15 juin jusqu'au 1er juillet, les crépuscules durent à Paris, quatre heures le matin, et autant le soir, ce qui fait qu'il n'y a point de nuit tout-à-fait obscure. Vers le 1er mars et le 15 octobre, ils ne durent qu'une heure trois quarts.

D. La durée du crépuscule est-elle la même pour tous les lieux de la terre ?

R. Non : plus on approche des pôles, plus les crépuscules sont longs, parcequ'en approchant des pôles les cercles que décrit le soleil deviennent de plus en plus obliques à l'horizon.

D. Quelle est la durée du crépuscule sous les pôles mêmes ?

R. Sous les pôles les crépuscules durent deux mois avant le lever, et deux mois après le coucher du soleil de sorte que la nuit entièrement obscure n'y dure qu'environ deux mois, encore la lune interrompt-elle deux fois ces ténèbres, et quinze jours à chaque fois; ce qui restreint les ténèbres profondes à un seul mois en deux fois.

D. Combien y a-t-il de sortes de cartes géographiques ?

R. Il y en a de trois sortes : la mappemonde, les cartes générales, les cartes particulières.

D. Qu'est-ce que la mappemonde ?

R. La *mappemonde*, ou *planisphère*, est le globe

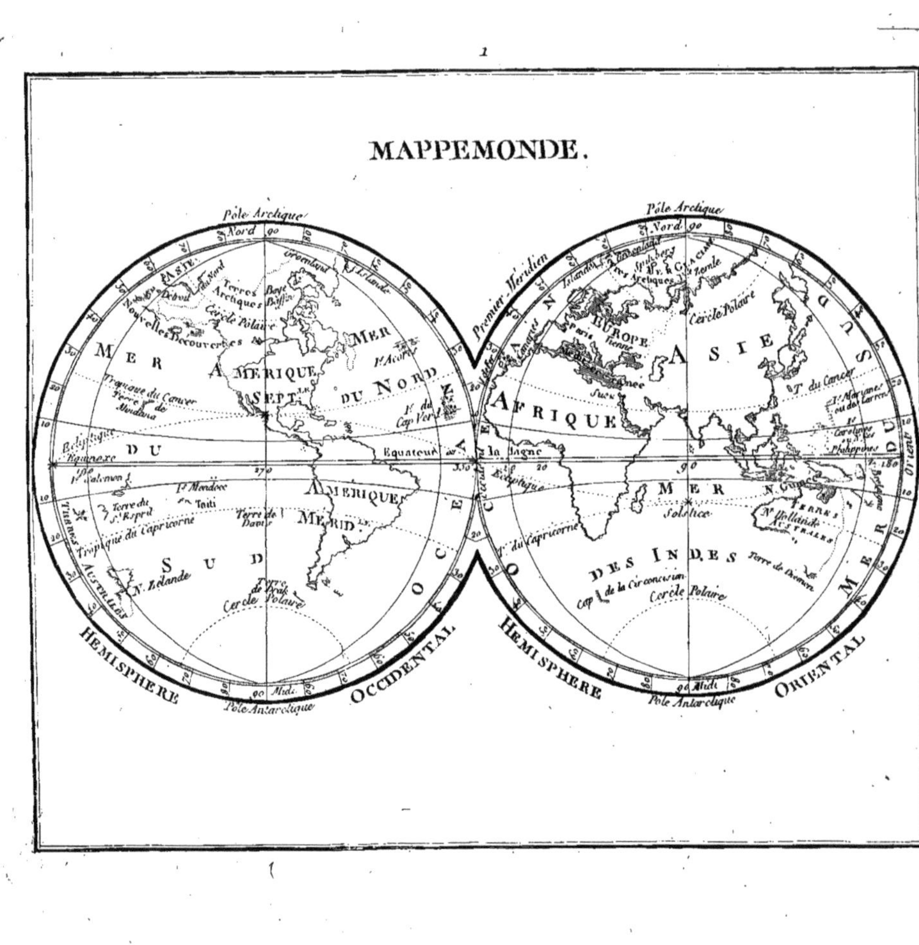
MAPPEMONDE.
Pôle Arctique
Hemisphere Occidental
Hemisphere Oriental
Pôle Antarctique
Amerique Sept.le
Amerique Merid.
Europe
Asie
Afrique
Mer du Sud
Mer des Indes
Ocean
Equateur
Tropique du Cancer
Tropique du Capricorne
Cercle Polaire
Premier Meridien
Terres Australes
N. Zelande
N. Hollande
Taiti
Terre de Diemen

ABRÉGE
DE LA
GÉOGRAPHIE
MODERNE.

CHAPITRE PRELIMINAIRE.

Des principaux Cercles de la Mappemonde, et des quatre points cardinaux ; des termes qui appartiennent à la Géographie, et de la division du Globe terrestre.

D. Qu'est-ce que la géographie?

R. La géographie est la description de la terre.

D. Quelle est la figure de la terre?

R. La terre est ronde : sa surface est convexe et aplatie en deux points directement opposés. Elle a la forme d'une boule ou d'un globe : aussi lui donne-t-on le nom de globe terrestre.

D. Qu'entendez-vous par cartes géographiques?

R. Les cartes géographiques sont des dessins qui représentent les diverses parties et les divers lieux de la terre, dans des positions semblables à celles qu'ils occupent réellement sur la terre.

D. Combien y a-t-il de sortes de cartes géographiques?

R. Il y en a de trois sortes : la mappemonde, les cartes générales, les cartes particulières.

D. Qu'est-ce que la mappemonde?

R. La *mappemonde*, ou *planisphère*, est le globe

aplati et coupé en deux hémisphères, ou moitiés de sphère, par le premier méridien. Elle est partagée dans le milieu par une grande ligne qui est l'*équateur.*

D. Qu'est-ce que les cartes générales?

R. Les cartes générales sont celles qui représentent ou une partie de la terre, ou un grand état.

D. Qu'est-ce que les cartes particulières?

R. Les cartes particulières sont celles sur lesquelles on a tracé une province, un pays, un petit territoire, etc.

D. Quels sont les premiers points à considérer sur toute carte géographique?

R. Les quatre points cardinaux, savoir :

Le septentrion ou nord,
Le sud ou midi,
L'est ou orient,
L'ouest ou occident.

D. Où sont marqués ces points sur les cartes?

R. Le nord est en haut, le midi en bas, l'orient à droite et l'occident à gauche.

D. Qu'entendez-vous par s'orienter?

R. C'est reconnoître l'orient, et par conséquent les trois autres points cardinaux.

D. Comment s'oriente-t-on?

R. En se tournant vers le lieu où le soleil paroît se lever. On a alors l'occident derrière soi, le midi à droite et le nord à gauche.

D. La nuit, quel moyen a-t-on de s'orienter?

R. Il faut pour cela savoir trouver une étoile assez brillante, qui est située au nord, et qu'on appelle *Polaire*, parcequ'elle est près du pôle. En la regardant, on a le sud derrière soi, l'est à droite, et l'ouest à gauche.

D. Qu'y a-t-il d'abord à considérer sur la surface du globe terrestre?

R. Deux grandes parties; la terre et l'eau.

D. N'y a-t-il pas des termes particuliers qui servent à exprimer les diverses modifications de ces deux grandes divisions?

R. Oui.

D. Quels sont ces termes?

R. Ce sont, 1°. pour la terre, ceux de continent, île, presqu'île, isthme, cap, côte, montagne; 2°. pour l'eau, ceux de mer, d'archipel; golfe, rade, détroit, lac et rivière.

D. Qu'est-ce qu'un continent?

R. Un *continent*, qu'on appelle aussi *terre ferme*, est une grande portion de terre qui comprend plusieurs régions qui ne sont pas séparées par des mers.

D. Qu'est-ce qu'une île?

R. Une *île* est une portion de terre qui est entièrement entourée d'eau.

D. Qu'est-ce qu'une presqu'île?

R. Une *presqu'île* ou *péninsule*, est une terre presqu'entourée d'eau.

D. Qu'est-ce qu'un isthme?

R. Un *isthme* est une portion de terre entre deux mers, qui unit un continent ou une presqu'île à la terre-ferme.

D. Qu'est-ce qu'un cap?

R. Un *cap* ou *promontoire*, est une pointe de terre élevée qui s'avance dans la mer.

D. Qu'entendez-vous par côte?

R. J'entends par *côte* la partie de la terre qui est baignée par la mer.

D. Qu'est-ce qu'une montagne?

R. Une *montagne* est une masse de terre ou de roche, qui s'élève sur la surface du globe.

D. Qu'est-ce que la mer?

R. C'est une vaste étendue d'eau salée, qui occupe la plus grande partie du globe terrestre.

D. Qu'est-ce qu'un archipel?

R. Un *archipel* est une étendue de mer entrecoupée d'îles, voisines les unes des autres.

D. Qu'est-ce qu'un golfe?

R. Un *golfe* est une avance considérable de mer dans les terres.

D. Qu'est-ce qu'une rade?

R. Une *rade* est un endroit propre à jeter l'ancre, et où les vaisseaux sont à l'abri du vent.

D. Qu'est-ce qu'un détroit ?

R. Un *détroit* est une portion de mer resserrée entre deux terres.

D. Qu'est-ce qu'un lac ?

R. Un *lac* est une grande étendue d'eau douce et dormante, qui ne tarit jamais, et qui n'a aucune apparente communication avec la mer.

D. Qu'est-ce qu'une rivière ?

R. Une *rivière* est une eau de source qui coule toujours, jusqu'à ce qu'elle se jette dans une autre rivière, ou dans la mer, et dans ce dernier cas on l'appelle *fleuve*.

D. En combien de parties divise-t-on la terre?

R. En quatre parties : l'Europe, l'Asie, l'Afrique et l'Amérique. Les trois premières forment ce qu'on appelle l'ancien continent ; la dernière forme le nouveau, ainsi nommé, parce qu'il n'est connu que depuis la fin du quinzième siècle. Suivant quelques géographes la Nouvelle-Hollande, qui est une grande île récemment découverte au sud-est de l'Asie, et quelques îles plus petites forment une cinquième partie de la terre.

D. Combien distingue-t-on de sortes de mers?

R. Deux sortes : la mer extérieure, et les mers intérieures.

D. Qu'est-ce que la mer extérieure?

R. La mer extérieure est celle qui environne les continents. Elle se divise en quatre grandes mers ; savoir :

1°. L'Océan qui est entre l'ancien et le nouveau continent, et dont la partie qui est à l'orient de l'Amérique, a été nommée mer du nord, lors de la découverte de cette partie du monde.

2°. La mer des Indes, à l'orient de l'Afrique et au midi de l'Asie.

3°. La grande mer, vulgairement appelée mer du sud, entre l'Asie orientale et l'Amérique occidentale.

4°. La mer Glaciale arctique, au nord des deux continents.

D. Qu'est-ce que les mers intérieures?

B. En seize parties : quatre vers le nord, les îles

L'EUROPE.
Echelle
de Lieues d'une heure
MER GLACIALE
Cercle Pol Arctique
Nord Cap
Wardhus
Detroit de Waygats
LAPONIE
Mer Blanche
Archangel
Islande
Is. Ferro
Is. Schetland
Is. Orcades
Is. de l'Ouest
MER DU NORD
Berghen
Drontheim
Christiania
Gefle
Upsal
Stockholm
Gothebourg
Lunden
Coppenhague
Torno
Abo
G. de Bothnie
G. de Finlande
Petersbourg
Revel
Narva
Ladoga
Onega
Novogorod Weliki
Riga
Mittau
Konigsberg
Wilna
Edenbourg
Londres
Tamise R.
la Manche
Hambourg
Berlin
Varsovie
PRUSSE
POLOGNE
ALEMAGNE
Brandebourg
Cologne
Francfort
Mayence
Nuremberg
Pragne
Cracovie
Leopol
BOHEME
Vienne
Presbourg
Bude
HONGRIE
TRANSYLVANIE
Hermanstadt
Danube R.
Paris
Loire R.
FRANCE
SUISSE
Golfe de Gascogne
Cap Finisterre
ESPAGNE
PORTUGAL
Madrid
Lisbonne
Pyrenees
Detroit de Gibraltar
Corse
Sardaigne
Rome
Naples
Sicile
Malte
Venise
Golfe de Venise
ITALIE
Corfou
MER MEDITERRANEE
I. Minorque
I. Majorque
Alger
Tunis
COTES DE BARBARIE
AFRIQUE
Maroc
Candie
Rhodes
Chypre
TURQUIE
Constantinople
Mer de Marmora
MER NOIRE
Cotatis
RUSSIE
Moscou
Smolensk
Kiew
Bielgorod
Woronez
Wolga R.
Casan
Nisnei Novogorod
Dwina R.
OCEAN
ASIE
Ier Meridien
Occident
Orient
Midi

R. Les mers intérieures sont celles qui sont situées ou qui entrent dans les terres.

Les principales mers intérieures sont,

En Europe.

La mer Baltique.
La mer Méditerranée.
La mer Noire, entre l'Europe et l'Asie.

En Asie.

La mer rouge, entre l'Afrique et l'Asie.
La mer Caspienne.

Dans l'Amérique septentrionale.

La mer Christiane, ou baie d'Hudson.

Le golfe du Mexique entre l'Amérique septentrionale et l'Amérique méridionale.

La mer Vermeille ou le grand golfe de Californie.

CHAPITRE PREMIER.

DIVISION DE L'EUROPE.

D. Qu'est-ce que l'Europe?

R. L'Europe est une des quatre parties du monde. C'est la plus petite quant à l'étendue; mais elle est la plus considérable, tant par le nombre de ses habitants, que parcequ'elle est le centre des lumières, des arts, de la civilisation et du commerce.

D. Quelles sont les bornes de l'Europe?

R. L'Europe est bornée à l'occident et au nord par l'Océan; à l'Orient, par l'Asie, la mer d'Azof et la mer Noire; et au Midi par la mer Méditerranée qui la sépare de l'Afrique.

D. Comment se divise l'Europe?

R. En seize parties: quatre vers le nord, les îles Britanniques, les Etats de Danemarck, la Suède et la Russie; sept au milieu, la France, l'Italie, les Etats de la Confédération Germanique, la Suisse, l'Empire d'Autriche, le royaume des Pays-Bas, le royaume de Prusse; quatre au midi, le Portugal, l'Espagne, le royaume de Naples et la Turquie d'Europe.

D. Combien y a-t-il de sortes de gouvernements en Europe?

R. Il y en a de trois sortes; savoir: 1°. le démocratique ou représentatif; 2°. le despotique; 3°. le monarchique.

D. Qu'est-ce que le gouvernement démocratique?

R. Le gouvernement démocratique est celui où le peuple nomme ses représentants et ses magistrats, comme la Suisse, dite autrement la Confédération Helvétique.

D. Qu'est-ce que le gouvernement despotique?

R. C'est celui où le souverain gouverne selon sa volonté, qui seule fait la loi, comme en Turquie.

D. Qu'est-ce que le gouvernement monarchique?

R. C'est celui où le souverain gouverne, mais d'après les lois, comme en France, en Angleterre, dans le royaume des Pays-Bas-Unis, etc.

ARTICLE PREMIER.

DE LA FRANCE.

D. Qu'est-ce que la France?

R. Un royaume, dont les limites sont: au nord, la Manche et le royaume des Pays-Bas-Unis; à l'ouest, l'Océan atlantique; au sud, l'Espagne et la Méditerranée; à l'est, le Rhin, la Suisse et les Alpes.

D. Quel est le gouvernement de la France?

R. Ce gouvernement est monarchique. C'est le plus ancien royaume de l'Europe. Le Roi porte le titre de *Roi très Chrétien.* La France, après avoir été gouvernée par des rois, pendant quatorze cents ans, s'étoit constituée en république au mois de septembre 1792; en 1804 la forme du gouvernement avoit changé de nouveau; enfin une nouvelle révolution rendit à la

Carte de la

FRANCE

divisée

en Départemens

d'après les derniers Traités

ECHELLE
Lieues Communes de 25 au Degré

née par des rois, pendant quatorze cents ans, s'étoit constituée en république au mois de septembre 1792; en 1804 la forme du gouvernement avoit changé de nouveau; enfin une nouvelle révolution rendit à la

France, en 1814, ses anciens rois, sous lesquels elle avoit été long-temps si heureuse.

D. Quels sont les principaux corps de l'État?

R. Les principaux corps de l'Etat sont, la chambre des pairs, et la chambre des députés des départements, qui, réunies avec le roi, forment le pouvoir législatif; le conseil d'état, la cour de cassation.

D. Quelle est la religion de l'état?

R. La religion catholique, apostolique et romaine. Les autres cultes y sont permis.

D. Par qui la justice est-elle rendue en France?

R. La justice est rendue par des cours royales, qui connoissent des matières civiles et des matières criminelles.

D. Combien y a-t-il de cours royales?

R. Il y a vingt-sept cours royales, dont le siége est dans les villes suivantes: Agen, Aix, Ajaccio, Amiens, Angers, Besançon, Bordeaux, Bourges, Caen, Colmar, Dijon, Douai, Grenoble, Limoges, Lyon, Metz, Montpellier, Nancy, Nîmes, Orléans, Paris, Pau, Poitiers, Rennes, Riom, Rouen et Toulouse. Chacune de ces cours a un ressort qui s'étend sur plusieurs départements.

D. Comment se rend la justice criminelle dans les départements où ne siégent pas les cours royales?

R. Par des cours d'assises, qui sont convoquées quand le besoin l'exige, et présidées par un membre de la cour royale.

D. N'y a-t-il pas d'autres tribunaux?

R. Il y a encore des tribunaux de première instance et de commerce, et des justices de paix. Les premiers connoissent des matières civiles; il y en a un à-peu-près dans chaque arrondissement de sous-préfecture. Les seconds ont été institués pour le jugement des affaires de commerce, tant de terre que de mer; enfin il y a dans chaque canton un juge-de-paix, dont les fonctions sont entre autres, de concilier les parties, et de les inviter, en cas de non-conciliation, à se faire juger par des arbitres. Outre ces tribunaux, il y a encore des cours prévotales, qui jugent en dernier ressort de certains genres de crimes, comme de celui de fausse monnoie, de sédition, etc.

D. Quels sont les principaux fleuves de la France ?

R. Il y en a quatre principaux, la Seine, la Loire, le Rhône, la Garonne.

D. Quel est le cours de la Seine ?

R. Elle a sa source près Saint-Seine, dans le département de la Côte-d'Or, arrose les villes de Troyes, Melun, Paris et Rouen, et a son embouchure près du Hâvre-de-Grace.

D. Quel est le cours de la Loire ?

R. Elle prend sa source dans le département de l'Ardêche, passe à Roanne, où elle commence à porter bateau, à Nevers, à Orléans, à Blois, à Tours, à Saumur, à Nantes, et se jette dans l'Océan.

D. Quel est le cours du Rhône ?

R. Il prend sa source au mont Saint-Gothard, en Suisse, traverse le lac de Genève, passe à Genève, à Lyon, où il reçoit la Saône, à Vienne, à Valence, à Avignon, à Beaucaire, à Tarascon et à Arles, et se jette dans la Méditerranée.

D. Quel est le cours de la Garonne ?

R. La Garonne prend sa source dans les Pyrénées, passe à Toulouse, à Agen, à Bordeaux, et après avoir reçu la Dordogne, elle prend le nom de Gironde, qu'elle conserve jusqu'à son embouchure dans l'Océan.

D. Quelles sont les plus hautes montagnes de la France ?

R. Les Alpes qui la séparent de l'Italie, les Pyrénées qui la séparent de l'Espagne; le Cantal, le Jura, les Vosges, les Ardennes, etc., qui donnent leurs noms à divers départements.

DIVISION DE LA FRANCE.

D. Comment divisoit-on la France en 1789 ?

R. On divisoit la France en trente-deux grands gouvernements, dont huit au nord, treize dans le milieu, et onze au midi. Il y avoit en outre huit petits gouvernements, qui ne renfermoient pour la plupart qu'une ville.

D. Nommez les huit grands gouvernements du nord avec leurs capitales.

R Les huit grands gouvernements du nord étoient:

Provinces.	*Capitales.*
1. La Flandre française,	LILLE.
2. L'Artois,	ARRAS.
3. La Picardie,	AMIENS.
4. La Normandie,	ROUEN.
5. L'Isle-de-France,	PARIS.
6. La Champagne,	TROYES.
7. La Lorraine,	NANCI.
8. L'Alsace,	STRASBOURG.

D. Nommez les treize grands gouvernements du milieu avec leurs capitales.

R. Les treize du milieu étoient :

1. La Bretagne,	RENNES.
2. Le Maine.	LE MANS.
3. L'Anjou.	ANGERS.
4. La Touraine.	TOURS.
5. L'Orléanais.	ORLÉANS.
6. Le Berri.	BOURGES.
7. Le Nivernais.	NEVERS.
8. La Bourgogne.	DIJON.
9. La Franche-Comté,	BESANÇON.
10. Le Poitou,	POITIERS.
11. L'Aunis,	LA ROCHELLE.
12. La Marche,	GUERET.
13. Le Bourbonnais,	MOULINS.

D. Nommez les onze grands gouvernements du midi avec leurs capitales.

R. Les onze du midi étoient :

1. La Saintonge et l'Angoumois.	SAINTES.
2. Le Limousin,	LIMOGES.
3. L'Auvergne,	CLERMONT.
4. Le Lyonnais,	LYON.
5. Le Dauphiné,	GRENOBLE.

Provinces.	Capitales.
6. La Guyenne,	BORDEAUX.
7. Le Béarn,	PAU.
8. Le Comté de Foix,	FOIX.
9. Le Roussillon,	PERPIGNAN.
10. Le Languedoc,	TOULOUSE.
11. La Provence.	AIX.

Les huit petits gouvernements étoient :

1. Paris, dans l'Isle-de-France.
2. Le Boulonnais, en Picardie.
3. Le Hâvre-de-Grace, en Normandie.
4. Saumur avec le Saumurois, entre l'Anjou et le Poitou.
5. Metz et le Messin, } en Lorraine.
6. Verdun et le Verdunois, } en Lorraine.
7. Toul et le Toulois, } en Lorraine.
8. Sédan, entre la Lorraine et la Champagne.

D. La France ne posséde-t-elle pas en outre des colonies hors de l'Europe?

R. Oui : elle en a dans les trois autres parties du monde : ces colonies avoient été prises par les Anglais, qui en ont rendu une partie au roi de France, en vertu des derniers traités de paix.

D. Nommez les colonies d'Amérique.

R. Saint-Domingue, la Martinique, la Guadeloupe, Cayenne.

D. Nommez les colonies d'Afrique.

R. Gorée et le Sénégal, l'Isle de Bourbon.

D. Nommez les colonies d'Asie.

R. Pondichéry, Chandernagor.

On trouvera la description de ces colonies dans la partie du monde où elles sont situées.

D. Comment a-t-on divisé le territoire de la France?

R. Le territoire de la France est actuellement divisé en portions de territoire à-peu-près égales qu'on nomme départements. Chaque département se subdivise en arrondissements de sous-préfectures; chaque arrondissement, en cantons ou justices de paix; chaque canton en communes.

D. Combien y a-t-il de départements dans le territoire français ?

R. Il y en a quatre-vingt-six.

D. Comment sont-ils administrés ?

R. L'administration de chaque département est confiée à un préfet, celle de chaque arrondissement à un sous-préfet; il y a pour chaque commune un maire, un ou plusieurs adjoints, un conseil municipal.

D. N'y a-t-il pas de plus grandes divisions ?

R. Oui. Les quatre-vingt-six départements ont été distribués en divisions militaires. Il y a en outre, comme nous l'avons dit, vingt-sept cours royales, dont chacune a plusieurs départements dans son ressort. Enfin, il y a des archevêchés et des évêchés, dont chacun a des portions de départements, un département, ou même plusieurs départements dans sa circonscription.

D. Qu'entendez-vous par bonnes villes?

R. Les bonnes villes sont celles dont les maires assistent au sacre du roi.

D. Combien y a-t-il de bonnes villes ?

R. Il y en a trente-deux; les voici par ordre alphabétique: Amiens, Angers, Antibes, Besançon, Bordeaux, Bourges, Caen, Cette, Clermont, Dijon, Grenoble, la Rochelle, Lille, Lyon, Marseille, Metz, Montauban, Montpellier, Nancy, Nantes, Nîmes, Orléans, Paris, Pau, Rennes, Rheims, Rouen, Strasbourg, Toulouse, Tours, Troyes, Versailles.

D. Nommez les quatre-vingt-six départements, suivant leurs différentes situations.

R. Pour plus de facilité, je les divise en trois parties, celles du nord, du milieu, du midi.

Voici leurs noms, en commençant par la partie du nord.

La partie du nord contient les départements suivants :

Nord.	Meurthe.
Pas-de-Calais.	Bas-Rhin.
Somme.	Manche.
Seine-Inférieure.	Calvados.

Oise.	Eure.
Aisne.	Côtes-du-Nord.
Ardennes.	Orne.
Moselle.	Seine-et-Oise.
Marne.	Seine.
Meuse.	Seine-et-Marne.

La partie du milieu contient les départements suivants :

Finistère.	Haute-Saône.
Morbihan.	Doubs.
Isle-et-Vilaine.	Haut-Rhin.
Loire-Inférieure.	Vendée.
Mayenne.	Deux-Sèvres.
Maine-et-Loire.	Vienne.
Sarthe.	Charente-Inférieure.
Indre-et-Loire.	Charente.
Eure-et-Loir.	Indre.
Loir-et-Cher.	Haute-Vienne.
Loiret.	Creuse.
Cher.	Allier.
Aube.	Puy-de-Dôme.
Yonne.	Saône-et-Loire.
Nièvre.	Jura.
Haute-Marne.	Loire.
Côte-d'Or.	Rhône.
Vosges.	Ain.

La partie du midi contient les départements suivants :

Dordogne.	Tarn.
Corrèze.	Hérault.
Cantal.	Gard.
Haute-Loire.	Vaucluse.
Ardèche.	Bouches-du-Rhône.
Drôme.	Hautes-Alpes.
Isère.	Basses-Alpes.
Gironde.	Var.
Lot-et-Garonne.	Basses-Pyrénées.
Lot.	Hautes-Pyrénées.
Aveyron.	Haute-Garonne.
Lozère.	Ariège.

Landes.
Gers.
Tarn-et-Garonne.
Aude.
Pyrénées-Orientales.
Corse.

D. Faites la description du département de l'Ain.

R. 1. Le département de l'Ain, situé dans la partie du milieu, est borné par ceux de Saône-et-Loire, du Jura, de l'Isère et du Rhône; Bourg en est le chef-lieu.

D. Combien renferme-t-il d'arrondissements de sous-préfectures ?

R. Quatre, dont les chefs-lieux sont :

Bourg, *chef-lieu de préfecture, tribunal de première instance*, à 43 myriamètres (110 lieues) de Paris.

Nantua, *trib. de prem. inst.*; Belley, *trib. de pr. inst.*; Trévoux, *trib. de prem. inst.*

D. Que produit ce département ?

R. Du bois, des grains, du maïs ou blé de Turquie, et des étangs très poissonneux : pop. 297,000 habit.

D. De quelles provinces est-il formé ?

R. De la Bresse, du Bugey, du Valromey et de la principauté de Dombes.

Ce département fait partie du diocèse, et est du ressort de la cour royale de Lyon : il est compris dans la sixième division militaire.

2. Le département de l'Aisne (1), situé dans la partie du nord, est borné par ceux du Nord, des Ardennes, de la Marne, de Seine-et-Marne, de l'Oise, et de la Somme; il a 5 arrondissements de sous-préfectures, dont les chefs-lieux sont:

Laon, *chef-lieu de préfecture*; *tr.*, à 13 myriamètres (33 lieues de Paris).
Soissons, sur l'Aisne, *évêché*, *tr.*
Chateau-Thierry, *tr.*
Saint-Quentin, *place forte*, sur l'Oise, *tr.*
Vervins, *tr.*

---

(1) Les demandes étant les mêmes pour tous les départements, nous avons cru inutile de les répéter. Les lettres *tr.* indiquent qu'il y a tribunal de première instance.

Ce département produit beaucoup de grains et de fruits ; il possède de nombreuses carrières, entre autres de pierres à bâtir et de tourbe : pop. 432,237 habit. (Il est formé du Soissonnais, du Beauvaisis et du Vexin français.)

Ce département est du ressort de la cour royale d'Amiens : il est compris dans la première division militaire.

3. Le département de l'Allier, situé dans la partie du milieu, est borné par ceux du Cher, de la Nièvre, de Saône-et-Loire, de la Loire, du Puy-de-Dôme et de la Creuse ; il a 4 arrond. de sous-préfectures, dont les chefs-lieux sont :

Moulins, sur l'Allier, *chef-lieu de préfecture, collége royal*, à 29 myriamètres (75 lieues) de Paris, *tr.*
Montluçon, *tr.*
Gannat, *tr.*
La Palisse, *tr.*

Ce département est fertile en grains, en vins et en bois ; on y fait commerce de bœufs, porcs et poissons ; il y a des forges et des filatures de lin et chanvre : pop. 254,558 habitants. (Partie du Bourbonnais.)

Il est du diocèse de Clermont-Ferrand, et du ressort de la cour royale de Riom : il est compris dans la vingt-unième division militaire.

4. Le département des Alpes (Basses), situé dans la partie du midi, est borné par le département des Hautes-Alpes, par les Alpes et par les départements du Var, de Vaucluse et de la Drôme ; il a 5 arrond. de sous-préfectures, dont les chefs-lieux sont :

Digne, *chef-lieu de préfecture, évêché ; tr.*, à 75 myriamètres et demi (193 lieues) de Paris.
Barcelonnette, *tr.*
Castellane, *tr.*
Sisteron, *tr.*
Forcalquier, *tr.*

Ce département produit du blé, des fruits, et même du vin ; il y a aussi des mines de divers métaux, et des sources d'eaux minérales et salées : pop. 144,440 habitants. (Partie de la Provence.)

Il est du ressort de la cour royale d'Aix : il est compris dans la huitième division militaire.

5. Le département des ALPES (HAUTES), situé dans la partie du midi, est borné par ceux de l'Isère, des Basses-Alpes et de la Drôme. Il a 3 arrond. de sous-préfectures, dont les chefs-lieux sont :

GAP, *chef-lieu de préfecture*, à 66 myriamètres et demi (169 lieues) de Paris.

BRIANÇON, *tr.*

EMBRUN, *tr.*

Ce département est fertile en bois et en pâturages, qui nourrissent de nombreux troupeaux ; mais il produit peu de blé ; il y a quelques fabriques et des mines de fer, de cuivre et de plomb : pop. 121,523 habitants. (Partie du Dauphiné.)

Il est du diocèse de Digne, du ressort de la cour royale de Grenoble : il est compris dans la septième division militaire

6. Le département de l'ARDÈCHE, situé dans la partie du midi, est borné par ceux de la Loire, de l'Isère, de la Drôme, du Gard, de la Lozère et de la Haute-Loire. Il a 3 arrond. de sous-préfectures, dont les chefs-lieux sont :

PRIVAS, *préfecture*, *tr.*, à 61 myriamètres et demi (155 lieues) de Paris : pop. 3,000 habitants.

TOURNON, *fameux collége*, dirigé par des Oratoriens ; *tr.*

L'ARGENTIÈRE, *tr.*

Ce département produit de bons vins : pop. 284,743 habitants. (Partie du Languedoc et du Vivarais.)

Il est du diocèse de Mende, et du ressort de la cour royale de Nîmes : il est compris dans la neuvième division militaire.

7. Le département des ARDENNES, situé dans la partie du nord, est borné par ceux de la Meuse, de la Marne et de l'Aisne. Il a 5 arrond. de sous-préfectures, dont les chefs-lieux sont :

Mézières, *préfecture*, *tr.*, à 23 myriamètres et demi (59 lieues) de Paris : pop. 3,387 habitants.

Rocroy, *tr.*

Rethel, *tr.*

Sedan, renommée pour ses draps, *tr.*

Vouziers, *tr.*

Ce département est fertile en bois, en blé et en pâturages ; il y a des mines de fer et des carrières de marbre ; on y fait commerce de clous et autres objets de ferronnerie : pop. 268,556 habitants. (Partie de la Champagne et pays adjacents.)

Il est du diocèse de Metz, et du ressort de la cour royale de cette même ville ; il est compris dans la seconde division militaire.

8. Le département de l'Ariège, situé dans la partie du midi, est borné par ceux de la Haute-Garonne, de l'Aude, des Pyrénées-Orientales, et par les Pyrénées. Il est divisé en 3 arrondis. de sous-préfectures, dont les chefs-lieux sont :

Foix, *préfecture*, *tr.*, à 75 myriamètres et demi (193 lieues) de Paris : pop. 3,600 habitants.

Pamiers, *tr.*

Saint-Girons, *tr.*

Ce département ne produit guère que des pâturages et des mulets assez estimés ; on y trouve des mines de fer et d'argent, et des eaux minérales : pop. 220,274 habitants. (Partie du Languedoc, Couserans et pays de Foix.)

Il fait partie de l'archevêché de Toulouse, et est du ressort de la cour royale de cette même ville : il est compris dans la dixième division militaire.

9. Le département de l'Aube, situé dans la partie du milieu, est borné par ceux de l'Aisne, de la Marne, de la Haute-Marne, de la Côte-d'Or, de l'Yonne et de Seine-et-Marne. Il est divisé en 5 arrondis. de sous-préfectures, dont les chefs-lieux sont :

Troyes, *préfecture*, *évêché*, *tr.*, à 16 myriamètres (40 lieues) de Paris : pop. 26,700 habitants. (Bonne ville.)

Arcis-sur-Aube, *tr.*
Bar-sur-Aube, *tr.*
Bar-sur-Seine, *tr.*
Nogent-sur-Seine, *tr.*

Ce département produit des grains et des vins, et possède des papeteries, des fabriques de bonneterie, etc. (Partie de la Champagne.)

Il est du ressort de la cour royale de Paris : il est compris dans la dix-huitième division militaire.

10. Le département de l'Aude, situé dans la partie du midi, est borné par ceux du Tarn et de l'Hérault, par la Méditerranée, par les départements des Pyrénées-Orientales, de l'Ariège et de la Haute-Garonne. Il est divisé en 4 arrond. de sous-préfectures, dont les chefs-lieux sont :

Carcassonne, *préfecture*, *évêché*, *tr.*, à 76 myriamètres et demi (196 lieues) de Paris : pop. 15,178 h.
Narbonne, *tr.*
Castelnaudary, *tr.*
Limoux, *tr.*

Ce département est fertile en grains, en vins, en olives et en mûriers, et possède plusieurs manufactures. Il s'y fait un grand commerce : popul. 237,813 habitants. (Partie du Languedoc.)

Il est du ressort de la cour royale de Montpellier, et compris dans la dixième division militaire.

11. Le département de l'Aveyron, situé dans la partie du midi, est borné par ceux du Cantal, de la Lozère, du Gard, de l'Hérault, du Tarn, de Tarn-et-Garonne, et du Lot. Il est divisé en 5 arrond. de sous-préfectures, dont les chefs-lieux sont :

Rodez, sur l'Aveyron, *préfecture*, *tr.*, *collége royal*, à 69 myriamèt. (177 lieues) de Paris : pop. 6,613 hab.
Espalion, *tr.*
Milhau, *tr.*
Saint-Affrique, *tr.*
Villefranche, *tr.*

Ce département abonde en pâturages, en fruits et en bestiaux ; il fournit d'excellents pruneaux, et le fromage si connu sous le nom de Roquefort. On y trouve du fer, du cuivre rouge, du vitriol, du soufre, de l'alun et des marbres : popul. 243,856 habitants. (Le Rouergue.)

Il est du diocèse de Cahors, et du ressort de la cour royale de Montpellier : il est compris dans la neuvième division militaire.

12. Le département des Bouches-du-Rhône, situé dans la partie du midi, est borné par ceux du Gard, de Vaucluse et du Var, et par la Méditerranée. Il est divisé en 3 arrond. de sous-préfectures, dont les chefs-lieux sont :

Marseille, avec un très-beau *port, préfecture, collége royal, tr.*, à 81 myriamètres (208 lieues) de Paris : popul. 102,217 hab. (Bonne ville.)

Aix, *archevêché, cour royale, tr.*

Arles, *tr.*

Ce département produit l'olivier, le figuier, l'amandier, l'oranger, le citronier, le grenadier, etc. Il y a des fabriques de savon, des manufactures de tapisseries et des tanneries : on y travaille le corail : popul. 288,603 habitants. (Partie de la Provence.)

Il est compris dans la huitième division militaire.

13. Le département du Calvados, situé dans la partie du nord, est borné par la Manche et par les départements de l'Eure, de l'Orne et de la Manche. Il est divisé en 6 arrond. de sous-préfectures, dont les chefs-lieux sont :

Caen, *préfecture, cour royale, collége royal, tr.*, à 26 myriamètres et demi (67 lieues) de Paris : pop. 35,638 hab. (Bonne ville.)

Bayeux, *évêché, tr.*

Pont-l'Évêque, *tr.*

Lisieux, *tr.*

Falaise, *tr.*

Vire, *tr.*

Ce département abonde surtout en pâturages ; il produit beaucoup de pommes, et fait un grand commerce de bétail, de toiles et d'étoffes : pop. 497,561 habit. (Partie de la Normandie.)

Il est compris dans la quatorzième division militaire.

14. Le département du CANTAL, situé dans la partie du midi, est borné par ceux du Puy-de-Dôme, de la Haute-Loire, de la Lozère, de l'Aveyron, du Lot, et de la Corrèze. Il est divisé en 4 arrond. de sous-préfectures, dont les chefs-lieux sont :

AURILLAC, *préfecture*, *tr.*, à 54 myriamètres (133 lieues) de Paris : pop. 10,332 habitants.

SAINT-FLOUR, *évêché*, *tr.*

MAURIAC, *tr.*

MURAT, *tr.*

Ce département ne produit que du bétail et d'excellents pâturages ; ses principales fabriques sont des papeteries ; il est d'ailleurs fort pauvre : pop. 247,824 habit. (Auvergne.)

Il est du ressort de la cour royale de Riom, et compris dans la dix-neuvième division militaire.

15. Le département de la CHARENTE, situé dans la partie du milieu, est borné par ceux des Deux-Sèvres, de la Vienne, de la Haute-Vienne, de la Dordogne et de la Charente-Inférieure. Il est divisé en 5 arrond. de sous-préfectures, dont les chefs-lieux sont :

ANGOULÊME, *préfecture*, *évêché*, *tr.*, à 45 myriamètres et demi (116 lieues) de Paris : pop. 14,744 h.

RUFFEC, *tr.*

CONFOLENS, *tr.*

BARBÉZIEUX, *tr.*

COGNAC, sur la Charente, *tr.* Il s'y fait un commerce considérable d'eau-de-vie.

Ce département produit du grain, du vin, et beaucoup de gibier ; on y fabrique de gros draps, des serges et du papier ; il possède des fonderies, et le fer de ses mines est l'objet d'un commerce considérable : pop. 319,667 habit. (Angoumois et partie de la Saintonge.)

Il est du ressort de la cour royale de Bordeaux, et compris dans la vingtième division militaire.

16. Le département de la CHARENTE-INFÉRIEURE, situé dans la partie du milieu, est borné par ceux de la Vendée, des Deux-Sèvres, de la Charente, de la Dordogne, de la Gironde, et par l'Océan. Il est divisé en six arrondissements de sous-préfectures, dont les chefs-lieux sont :

LA ROCHELLE, *préfecture, port de mer, évêché, tr.* à 47 myriam. (120 lieues) de Paris : pop. 18,346 hab. (Bonne ville.)

SAINTES, *collége royal, tr.*

ROCHEFORT, *port* célèbre par son arsenal, *tr.*

SAINT-JEAN d'ANGELY, *tr.*

JONSAC, *tr.*

MARENNES, *tr.*

Les îles de *Rhé* et d'*Oleron* sont vers les côtes de ce département; la première au nord et la seconde au sud.

Ce département produit du vin, du chanvre et du lin; il s'y fait un grand commerce d'eau-de-vie : pop. 393,011 habitants. (L'Aunis et partie de la Saintonge.)

Il est du ressort de la cour royale de Poitiers, et compris dans la douzième division militaire.

17. Le département du CHER, situé dans la partie du milieu, est borné par ceux du Loiret, de la Nièvre, de l'Allier, de l'Indre, d'Indre-et-Loire. Il est divisé en 3 arrond. de sous-préfectures, dont les chefs-lieux sont:

BOURGES, *préfecture, archevêché, cour royale, collége royal, tr.*, à 23 myriamètres et demi (59 lieues) de Paris : pop. 16,352 hab. (Bonne ville.)

SANCERRE, *tr.*

SAINT-AMAND, *tr.*

Ce département produit du chanvre, du lin, des bestiaux, du bois, des châtaigniers; mais ses mines de fer font sa principale richesse : pop. 220,721 hab. (Partie du Berry.)

Il est compris dans la vingt-unième division militaire.

18. Le département de la CORRÈZE, situé dans la

partie du midi, est borné par ceux de la Haute-Vienne, de la Creuse, du Puy-de-Dôme, du Cantal, du Lot, et de la Dordogne. Il est divisé en 3 arrond. de sous-préfectures, dont les chefs-lieux sont:

TULLE, *préfecture, tr.*, à 46 myriamètres (118 lieues) de Paris : pop. 9,051 habitants.

USSEL, *tr.*

BRIVES, *tr.*, surnommée *la Gaillarde.*

Ce département produit du vin, du fer, du cuivre, du marbre, de l'ardoise : pop. 250,384 habit. (Partie du Limousin.)

Il fait partie du diocèse de Limoges, et est du ressort de la cour royale de cette même ville : il est compris dans la vingtième division militaire.

19. Le département de la CORSE est formé de l'île de ce nom, située dans la mer Méditerranée. Il est divisé en 5 arrond. de sous-préfectures, dont voici les chefs-lieux :

AJACCIO, *préfecture, évêché, cour royale, tr.* : pop. 6,845 habitants.

SARTENE, *tr.*

BASTIA, *tr.*

CALVI, *tr.*

CORTÉ, *tr.*

L'air, dans ce département, est grossier et mal-sain, le terroir plein de montagnes, peu fertile et mal cultivé : cependant il produit du blé, du vin, des fruits et des amandes ; on y trouve aussi des mines de fer et de cristal. (L'île de Corse.)

Ce département est compris dans la vingt-troisième division militaire.

20. Le département de la CÔTE-D'OR, situé dans la partie du milieu, est borné par ceux de l'Aube, de la Haute-Marne, de la Haute-Saône, du Jura, de Saône-et-Loire, de la Nièvre et de l'Yonne. Il est divisé en 4 arrond. de sous-préfectures, dont les chefs-lieux sont:

DIJON, *préfecture, évêché, cour royale, collége royal, tr.*, à 30 myriamètres et demi (78 lieues) de

Paris, les états de Bourgogne s'y tenoient autrefois : pop. 21,612 habitants. (Bonne ville.)

CHATILLON, *tr.*

BEAUNE, d'où l'on tire de très bon vin, *tr.*

SÉMUR, *tr.*

Ce département produit d'excellent vin, des grains, des fruits; on y trouve des mines de fer, des fonderies et des forges. (Partie de la Bourgogne.)

Il est compris dans le diocèse d'Autun, et dans la dix-huitième division militaire.

21. Le département des CÔTES-DU-NORD, situé dans la partie du nord, est borné par l'Océan et par les départements d'Ille-et-Vilaine, du Morbihan et du Finistère. Il est divisé en 5 arrond. de sous-préfectures, dont les chefs-lieux sont :

SAINT-BRIEUC, *préfecture, évêché, tr.*, à 44 myriamètres et demi (114 lieues) de Paris : pop. 8,750 hab.

LANNION, *tr.*

DINAN, *tr.*

LOUDÉAC, *tr.*

GUINGAMP, *tr.*

Ce département est fertile en grains, chanvre, lin, miel, et en excellents pâturages : pop. 509,232 hab. (Partie septentrionale de la Bretagne.)

Il est du ressort de la cour royale de Rennes : il est compris dans la treizième division militaire.

22. Le département de la CREUSE, situé dans la partie du milieu, est borné par ceux de l'Indre, de l'Allier, du Puy-de-Dôme, de la Corrèze et de la Haute-Vienne. Il est divisé en 4 arrond. de sous-préfectures, dont les chefs-lieux sont :

GUÉRET, *préfecture, tr.*, à 43 myriamètres (110 lieues) de Paris : pop. 3,358 habitants.

BOUSSAC, le trib. de 1re inst. est à Chambon.

BOURGANEUF, *tr.*

AUBUSSON, célèbre par ses manufactures de tapisseries, *tr.*

CHAMBON, *tr.*

Ce département est peu fertile en blé, mais il produit beaucoup de seigle et d'avoine; on y trouve de bons pâturages : pop. 220,407 habitants. (Haute-Marche et pays circonvoisins.)

Il fait partie du diocèse de Limoges, et est du ressort de la cour royale de cette ville : il est compris dans la vingt-unième division militaire.

23. Le département de la DORDOGNE, situé dans la partie du midi, est borné par les départements de la Charente, de la Haute-Vienne, de la Corrèze, du Lot, de Lot-et-Garonne, de la Gironde et de la Charente-Inférieure. Il est divisé en 5 arrond. de sous-préfectures, dont les chefs-lieux sont :

PÉRIGUEUX, *préfecture*, *tr.*, à 47 myriamètres un quart (121 lieues) de Paris : pop. 5,733 hab.

NONTRON, *tr.*

SARLAT, *tr.*

BERGERAC, *tr.*

RIBERAC, *tr.*

Ce département a des mines de fer et de cuivre, et produit d'assez bons vins; on y trouve des châtaignes, des noix, et des truffes qui sont fort estimées, des mines de fer, un grand nombre de forges. (Périgord.)

Il est du diocèse d'Angoulême, et du ressort de la cour royale de Bordeaux : il est compris dans la vingtième division militaire.

24. Le département du DOUBS, situé dans la partie du milieu, est borné par ceux de la Haute-Saône, du Haut-Rhin, par la Suisse et le département du Jura. Il est divisé en 4 arrond. de sous-préfectures, dont les chefs-lieux sont :

BESANÇON, *place forte*, *préfecture*, *archevêché*, *cour royale*, *collége royal*, *tr.*, à 39 myriamètres et demi (101 lieues) de Paris : pop. 28,172 hab. (Bonne ville.)

BEAUME, *tr.*

MONTBÉLIARD, *tr.*, autrefois principauté allemande.

PONTARLIER, *tr.*, passage en Suisse.

Ce département est peu fertile en grains ; il produit des bois de bonne qualité, de bons pâturages; il y a des mines de fer et des forges. (La Franche-Comté.)

Il est compris dans la sixième division militaire.

25. Le département de la DRÔME, situé dans la partie du midi, est borné par ceux de l'Isère, des Hautes-Alpes, des Basses-Alpes, de Vaucluse et de l'Ardêche. Il est divisé en 4 arrond. de sous-préfectures, dont les chefs-lieux sont :

VALENCE, sur le Rhône, *préfecture, évêché, tr.*, à 56 myriamètres (144 lieues) de Paris : pop. 8,057 hab.

DIE, *tr.*

NYONS, *tr.*

MONTÉLIMART, *tr.*

Ce département produit des grains et de bons pâturages; il y a des oliviers, des amandiers et des vignes, qui produisent l'excellent vin de l'hermitage; on y fabrique des serges et des ratines; il y a des manufactures de savon. (Partie du Dauphiné.)

Il est du ressort de la cour royale de Grenoble, et compris dans la septième division militaire.

26. Le département de l'EURE, situé dans la partie du nord, est borné par ceux de la Seine-Inférieure, de l'Oise, de Seine-et-Oise, d'Eure-et-Loir, de l'Orne et du Calvados. Il est divisé en 5 arr. de sous-préfectures, dont les chefs-lieux sont :

EVREUX, *préfecture, évêché, tr.*, à 10 myriamètres et demi (26 lieues) de Paris : pop. 9,238 hab.

PONT-AUDEMER, *tr.*

LOUVIERS, célèbre par ses manufactures de draps, *tr.*

LES ANDELYS, *tr.*

BERNAY, *tr.*

Ce département abonde en grains, en bois et en fruits, en poires et en pommes; on y fait un grand commerce; il possède des mines de fer très riches, et des eaux minérales : pop. 414,401 hab. (Partie de la Normandie.)

Il est du ressort de la cour royale de Rouen, et compris dans la quinzième division militaire.

27. Le département d'Eure-et-Loir, situé dans la partie du milieu, est borné par ceux de l'Eure, de Seine-et-Oise, du Loiret, de Loir-et-Cher, de la Sarthe et de l'Orne. Il est divisé en 4 arr. de sous-préfectures, dont les chefs-lieux sont :

Chartres sur l'Eure, *préfecture*, *tr.*, à 9 myriamètres un quart (24 lieues) de Paris : pop. 13,000 hab.

Nogent-le-Rotrou, *tr.*

Chateaudun, sur le Loir, *tr.*

Dreux, *tr.*

Ce département est fertile en grains, en pâturages et en fruits ; on y fait commerce de bestiaux. Le vin qu'il produit est médiocre : popul. 259,898 hab. (Le pays Chartrain.)

Il fait partie du diocèse de Versailles, et est du ressort de la cour royale de Paris : il est compris dans la première division militaire.

28. Le département du Finistère, situé dans la partie du milieu, est borné par l'Océan, et par les départements des Côtes-du-Nord et du Morbihan. Il est divisé en 5 arrond. de sous-préfectures, dont les chefs-lieux sont :

Quimper, *préfecture*, *évêché*, *tr.*, à 62 myriamètres un quart (159 lieues) de Paris : pop. 6,640 hab.

Brest, *port de mer*, célèbre par son arsenal, *tr.*

Morlaix, *tr.*

Chateaulin, *tr.*

Quimperlé, *tr.*

Ce département produit du blé, du lin, du chanvre et des légumes, des ardoises et du plomb, et l'on y fait un grand commerce de poisson : popul. 446,895 hab. (Partie de la Bretagne.)

Il est du ressort de la cour royale de Rennes, est compris dans la treizième division militaire.

29. Le département du Gard, situé dans la partie du midi, est borné par ceux de la Lozère, de l'Ardêche, de Vaucluse, des Bouches-du-Rhône, la mer Méditerranée, les départements de l'Hérault et de

l'Aveyron. Il est divisé en 4 arr. de sous-préfectures, dont les chefs-lieux sont :

NÎMES, *préfecture, cour royale, collége royal, tr.*, à 70 myriamètres un quart (180 lieues) de Paris : pop. 38,955 hab. (Bonne ville.)

ALAIS, *tr.*

UZÈS, *tr.*

LE VIGAN, *tr.*

Ce département, où l'on trouve beaucoup d'antiquités romaines, produit des oliviers en abondance ; on y fait des huiles ; on y recueille aussi de bons vins : pop. 315,778 hab. (Partie du Languedoc.)

Il fait partie du diocèse d'Avignon : il est compris dans la neuvième division militaire.

30. Le département de la HAUTE-GARONNE, situé dans la partie du midi, est borné par ceux de Tarn-et-Garonne, Tarn, Aude, Ariège, les Pyrénées, les départements des Hautes-Pyrénées et du Gers. Il est divisé en 4 arr. de sous-préfectures, dont les chefs-lieux sont :

TOULOUSE, sur la Garonne, *préfecture, archevêché, cour royale, collége royal, tr.*, à 67 myriamèt. (172 lieues) de Paris : pop. 48,170 hab. (Bonne ville.)

VILLEFRANCHE, *tr.*

MURET, *tr.*

SAINT-GAUDENS, *tr.*

Ce département produit des grains, des vins et de bons pâturages ; il s'y fait commerce de draperies, de couvertures de laine, merceries, etc. ; il y a des carrières de marbre et des eaux minérales : pop. 366,716 habitants. (Partie du Languedoc.)

Il est compris dans la dixième division militaire.

31. Le département du GERS, situé dans la partie du midi, est borné par ceux de Lot-et-Garonne, Tarn-et-Garonne, Haute-Garonne, Hautes-Pyrénées, Basses-Pyrénées, Landes. Il est divisé en 5 arrond. de sous-préfectures, dont les chefs-lieux sont :

Auch, *préfecture, tr.*, à 74 myriamèt. (190 lieues) de Paris : pop. 8,798 hab.

Condom, *tr.*

Lectoure, *tr.*

Lombès, *tr.*

Mirande, *tr.*

Ce département produit du grain, de beaux fruits et d'assez bons vins ; on y fabrique de bonnes eaux-de-vie, et l'on y élève beaucoup de porcs et de mulets : pop. 282,014 hab. (Partie de la Guyenne.)

Il fait partie du diocèse d'Agen, et est du ressort de la cour royale de cette même ville : il est compris dans la dixième division militaire.

32. Le département de la Gironde, situé dans la partie du midi, est borné par ceux de la Charente-Inférieure, de la Dordogne, de Lot-et-Garonne et des Landes. Il est divisé en 6 arrond. de sous-préfectures, dont les chefs-lieux sont :

Bordeaux, sur la Garonne, *avec un bon port, préfecture, archevêché, cour royale, collége royal, tr.*, à 57 myriamèt. et demi (147 lieues) de Paris : pop. 92,374 hab. (Bonne ville.) C'est la première qui, en 1814, se soumit à l'autorité de Louis XVIII.

Blaye, *tr.*

Libourne, *tr.*

La Réole, *tr.*

Bazas, *tr.*

Lespare, *tr.*

Ce département est fertile en grains, en fruits, et en bons vins, dont il se fait un commerce immense ; il possède de riches manufactures, et il s'y fabrique d'excellentes liqueurs : pop. 506,244 hab. (Partie de la Guyenne.)

Il est compris dans la onzième division militaire.

33. Le département de l'Hérault, situé dans la partie du midi, est borné par ceux de l'Aveyron et du Gard, par la mer Méditerranée, par les départements de l'Aude et du Tarn. Il est divisé en 4 arr. de sous-préfectures, dont les chefs-lieux sont :

Montpellier, *préfecture, évêché, cour royale, collége royal, tr.*, à 75 myriamètres un quart (193 lieues) de Paris: pop. 32,814 hab. (Bonne ville.) Elle avoit autrefois une université célèbre pour son collége de médecine.

Lodève, *tr.*

Béziers, *tr.*

Saint-Pons, *tr.*

Cette, *port de mer.* (Bonne ville.)

Ce département est fertile en grains et en fruits; la vigne, les oliviers, les mûriers y viennent bien; on y fait un grand commerce d'eau-de-vie, bestiaux, laines, huiles, soieries, etc.: pop. 296,450 hab. (Partie du Languedoc.)

Il est compris dans la neuvième division militaire.

34. Le département d'Ille-et-Vilaine, situé dans la partie du milieu, est borné par la mer, et par les départements de la Manche, de Mayenne, de la Loire-Inférieure, du Morbihan et des Côtes-du-Nord. Il est divisé en 6 arr. de sous-préfectures, dont les chefs-lieux sont:

Rennes, *préfecture, évêché, cour royale, collége royal, tr.*, à 34 myriamètres deux tiers (88 lieues) de Paris: pop. 28,600 hab. (Bonne ville.) Les états de Bretagne s'y assembloient.

Saint-Malo, *port de mer, tr.*

Fougères, *tr.*

Vitré, *tr.*

Redon, *tr.*

Monfort, *tr.*

Ce département produit du lin, du chanvre, de bons pâturages, des légumes et du fruit; on en tire d'excellent beurre, connu sous le nom de beurre *de la prévalais*: pop. 501,668 hab. (Partie de la Bretagne.)

Il est compris dans la treizième division militaire.

35. Le département de l'Indre, situé dans la partie du milieu, est borné par ceux d'Indre-et-Loire, de Loir-et-Cher, du Cher, de la Creuze, de la Haute-

Vienne et de la Vienne. Il est divisé en 4 arr. de sous-préfectures, dont les chefs-lieux sont :

Chateauroux, *préfecture*, *tr.*, à 26 myriamètres (64 lieues) de Paris : pop. 8,423 hab.

Issoudun, *tr.*

La Chatre, *tr.*

Le Blanc, *tr.*

Il y a dans ce département d'excellentes prairies et beaucoup de bois : pop. 201,533 hab. (Partie du Berry.)

Il fait partie du diocèse de Bourges, est du ressort de la cour royale de cette même ville, et compris dans la vingt-unième division militaire.

36. Le département d'Indre-et-Loire, situé dans la partie du milieu, est borné par ceux de la Sarthe, de Loir-et-Cher, de l'Indre, de la Vienne et de Maine-et-Loire. Il est divisé en 3 arr. de sous-préfectures, dont les chefs-lieux sont :

Tours, *préfecture*, *archevêché*, *tr.*, à 24 myriamèt. un quart (62 lieues) de Paris : pop. 270,106 hab. (Bonne ville.)

Loches, *tr.*

Chinon, *tr.*

Ce département est fertile en blé, en vin, légumes, pâturages, fruits, miel, gomme, huiles, et l'on y trouve une grande quantité de pierres à fusil : pop. 270,106 hab. (La Touraine.)

Il est du ressort de la cour royale d'Orléans : il est compris dans la vingt-deuxième division militaire.

37. Le département de l'Isère, situé dans la partie du midi, est borné par ceux de l'Ain, des Hautes-Alpes, de la Drôme, de l'Ardèche, de la Loire et du Rhône. Il est divisé en 4 arr. de sous-préfectures, dont les chefs-lieux sont :

Grenoble, sur l'Isère, *préfecture*, *évêché*, *cour royale*, *collége royal*, *tr.*, à 56 myriamèt. 3 quarts (145 lieues) de Paris : pop. 21,350 hab. (Bonne ville.)

Vienne, sur le Rhône, *tr.*

Saint-Marcellin, *tr.*

La Tour-du-Pin, le *tr.* est à Bourgoin.

Ce département produit du bois, du fer, du charbon de terre, d'excellents vins, et renferme des mines de plusieurs métaux: pop. 462,266 habit. (Partie du Dauphiné.)

Il est compris dans la septième division militaire.

38. Le département du Jura, situé dans la partie du milieu, est borné par ceux de la Haute-Saône et du Doubs, par la Suisse, par les départements de l'Ain, de Saône-et-Loire et de la Côte-d'Or. Il est divisé en 4 arr. de sous-préfectures, dont les chefs-lieux sont:

Lons-le-Saulnier, *préfecture*, *tr.*, à 41 myriamètres (105 lieues) de Paris: pop. 7,074 hab.

Dôle, *tr.*

Saint-Claude, *tr.*

Poligny, le *tr.* est à Arbois.

Ce département produit du blé, de bons vins, des fruits, des légumes, du maïs ou blé de Turquie; il a des mines de fer, de cuivre et de plomb, et des eaux minérales: pop 292,883 h. (Partie de la Franche-Comté.)

Il fait partie du diocèse de Besançon, est du ressort de la cour royale de cette ville, et compris dans la sixième division militaire.

39. Le département des Landes, situé dans la partie du midi, est borné par ceux de la Gironde, de Lot-et-Garonne, du Gers, des Basses-Pyrénées et par la mer. Il est divisé en 3 arr. de sous-préfectures, dont les chefs-lieux sont:

Mont-de-Marsan, *préfecture*, *tr.*, à 70 myriamètres un quart (180 lieues) de Paris.

Saint-Sever, *tr.*

Dax, *tr.*

Ce département produit, dans quelques endroits, du grain et du vin: on y trouve aussi des sapins et des chênes; sur la côte il ne présente absolument que des sables, des pins et des bruyères, et l'air y est très mal-sain: pop. 234,782 hab. (Partie de la Guyenne.)

it partie du diocèse de Bayonne, est du ressort de la oyale de Pau, et compris dans la onzième division re.

Le département de Loir-et-Cher, situé dans la du milieu, est borné par ceux d'Eure-et-Loir, iret, du Cher, de l'Indre et d'Indre-et-Loire. Il visé en 3 arrond. de sous-préfectures, dont les lieux sont :

is, sur la Loire, *préfecture, tr.*, à 18 myriamè-16 lieues) de Paris : pop. 13,054 hab. Cette ville bre par les états qui s'y tinrent dans le seizième

dôme, sur le Loir, *collége royal, tr.*

orantin, *tr.*

épartement produit beaucoup de blé et de vin, commerce de ganterie, bonneterie, coutelle-: pop. 208,200 hab. (Partie de l'Orléanais, ois.)

it partie du diocèse d'Orléans, est du ressort de la oyale de cette même ville, et compris dans la vingt-ie division militaire.

Le département de la Loire, situé dans la partie eu, est borné par ceux de l'Allier, de Saône-e, du Rhône, de l'Isère, de l'Ardèche, de la Loire et du Puy-de-Dôme. Il est divisé en 3 arr. -préfectures, dont les chefs-lieux sont :

rbrison, *préfecture, tr.*, à 44 myriamètres un 13 lieues) de Paris : pop. 5,218 h.

nne, sur la Loire, *tr.*

t-Etienne, *tr.*, célèbre par sa manufacture

épartement produit du blé et du vin, et pos-s mines de fer et de charbon : popul. 310,754 e Forez.)

partie du diocèse de Lyon ; il est du ressort de la cour e cette même ville : il est compris dans la dix-neu-vision militaire.

e département de la Haute-Loire, situé dans

la partie du midi, est borné par ceux du Puy-de-Dôme, de la Loire, de l'Ardèche, de la Lozère et du Cantal. Il est divisé en 3 arrond. de sous-préfectures, dont les chefs-lieux sont :

LE PUY, *préfecture*, *tr.*, à 50 myriamètres et demi (129 lieues) de Paris : pop. 12,000 hab.

BRIOUDE, *tr.*

YSSINGEAUX, *tr.*

Ce département produit des pâturages et du bois : on en tire ces beaux marrons, connus sous le nom de marrons de Lyon ; on y élève beaucoup de bestiaux et des mulets estimés : pop. 263,565 hab. (Le Vélai.)

Il fait partie du diocèse de Saint-Flour, et est du ressort de la cour royale de Riom : il est compris dans la dix-neuvième division militaire.

43. Le département de la LOIRE-INFÉRIEURE, situé dans la partie du milieu, est borné par ceux du Morbihan, d'Ille-et-Vilaine, de Maine-et-Loire, de la Vendée, et par l'Océan. Il est divisé en 5 arrond. de sous-préfectures, dont les chefs-lieux sont :

NANTES, sur la Loire, *port*, *préfecture*, *évêché*, *collége royal*, *tr.*, à 39 myriamètres (99 lieues) de Paris : popul. 75,000 hab. (Bonne ville.)

SAVENAY, *tr.*

CHATEAUBRIANT, *tr.*

ANCENIS, *tr.*

PAIMBŒUF, *tr.*, près de laquelle la Loire se jette dans l'Océan.

Ce département produit du grain, des fruits ; a de gras pâturages, du charbon de terre minéral ou fossile ; et l'on y fabrique des cotonnades, des basins, des coutils, des serges, etc. : pop. 394,790 hab. (Partie de la Bretagne.)

Il est du ressort de la cour royale de Rennes ; et compris dans la douzième division militaire.

44. Le département du LOIRET, situé dans la partie du milieu, est borné par ceux d'Eure-et-Loir, Seine-et-Oise, Seine-et-Marne, Yonne, Nièvre, Cher, Loir-

et-Cher. Il est divisé en 4 arrond. de sous-préfectures, dont les chefs-lieux sont :

ORLÉANS, sur la Loire, *préfecture*, *évêché*, *cour royale*, *collége royal*, *tr.*, à 12 myriamètres un tiers (31 lieues) de Paris : pop. 41,948 hab. (Bonne ville.)

PITHIVIERS, *tr.*

MONTARGIS, célèbre par ses manufactures de papier, *tr.*

GIEN, *tr.*

Ce département est fertile en grains, en vin, en fruits, en safran, et l'on y trouve une belle forêt, connue sous le nom de forêt d'Orléans : pop. 280,000 hab. (Partie de l'Orléanais et Gâtinais.)

Il est compris dans la première division militaire.

45. Le département du LOT, situé dans la partie du midi, est borné par ceux de la Dordogne, de la Corrèze, du Cantal, de l'Aveyron, de Tarn-et-Garonne et de Lot-et-Garonne. Il est divisé en 3 arrond. de sous-préfectures, dont les chefs-lieux sont :

CAHORS, sur le Lot, *préfecture*, *évêché*, *collége royal*, *tr.* à 56 myriamètres (143 lieues) de Paris : pop. 11,446 habitants.

FIGEAC, *tr.*

GOURDON, *tr.*

Ce département est fertile en blé, en vins et en fruits; on estime les laines de ses troupeaux : pop. 261,347 hab. (Le Quercy.)

Il est du ressort de la cour royale d'Agen : il est compris dans la vingtième division militaire.

46. Le département de LOT-ET-GARONNE, situé dans la partie du midi, est borné par ceux de la Dordogne, du Lot, de Tarn-et-Garonne, du Gers, des Landes et de la Gironde. Il est divisé en 4 arrond. de sous-préfectures, dont les chefs-lieux sont :

AGEN, *préfecture*, *évêché*, *cour royale*, *collége royal*, *tr.*, à 71 myriamètres et demi (183 lieues) de Paris.

MARMANDE, *tr.*

NÉRAC, *tr.*

Villeneuve d'Agen, *tr.*

Ce département produit du blé, du vin et des fruits : on y récolte de très bon tabac, du liége et d'excellentes prunes : pop. 320,327 hab. (L'Agénois et partie de la Guyenne.)

Il est compris dans la vingtième division militaire.

47. Le département de la Lozère, situé dans la partie du midi, est borné par ceux du Cantal, de la Haute-Loire, de l'Ardèche, du Gard et de l'Aveyron. Il est divisé en 3 arrond. de sous-préfectures, dont les chefs-lieux sont :

Mende, *préfecture, évêché, tr.*, à 56 myriamètres et demi (145 lieues) de Paris : pop. 5,750 hab.

Marvejols, *tr.*

Florac, *tr.*

Ce département est montueux, froid et peu fertile ; il fournit néanmoins un peu de grains et des châtaignes : pop. 141,322 hab. (Partie du Languedoc.)

Il est du ressort de la cour royale de Nîmes : il est compris dans la neuvième division militaire.

48. Le département de Maine-et-Loire, situé dans la partie du milieu, est borné par ceux de la Mayenne, de la Sarthe, d'Indre-et-Loire, de la Vienne, des Deux-Sèvres, de la Vendée et de la Loire-Inférieure. Il est divisé en 5 arrond. de sous-préfectures, dont les chefs-lieux sont :

Angers, *préfecture, évêché, cour royale, collége royal, tr.*, à 30 myriamètres (76 lieues) de Paris : pop. 28,927 hab. (Bonne ville.)

Segré, *tr.*

Beaugé, *tr.*

Saumur, *tr.*

Beaupréau, *tr.*

Ce département produit du grain, du vin, du chanvre, du lin, du bois, des fruits, de la soie et de l'huile ; il s'y fait un grand commerce de bestiaux et d'ardoises : pop. 401,223 hab. (L'Anjou et le Saumurois.)

Il est compris dans la vingt-deuxième division militaire.

49. Le département de la MANCHE, situé dans la partie du nord, est borné par la mer, et par les départements du Calvados, de l'Orne, de la Mayenne et d'Ille-et-Vilaine. Il est divisé en 6 arrond. de sous-préfectures, dont les chefs-lieux sont :

SAINT-LÔ, *préfecture, tr.*, à 32 myriamètres et demi (83 lieues) de Paris : pop. 7,387 hab.

COUTANCES, *évêché, tr.*

VALOGNES, *tr.*

CHERBOURG, *tr.*, *nouveau port de mer.*

MORTAIN, *tr.*

AVRANCHES, *tr.*

Ce département produit beaucoup de pâturages; on y récolte aussi du grain et des légumes ; le Cotentin, qui en fait partie, nourrit de bons chevaux : popul. 566,726 hab. (Partie de la Normandie.)

Il est du ressort de la cour royale de Caen, et compris dans la quatorzième division militaire.

50. Le département de la MARNE, situé dans la partie du nord, est borné par ceux de l'Aisne, des Ardennes, de la Meuse, de la Haute-Marne, de l'Aube et de Seine-et-Marne. Il est divisé en 5 arrond. de sous-préfectures, dont les chefs-lieux sont :

CHALONS, sur la Marne, *préfecture, tr.*, à 16 myriamètres et demi (42 lieues) de Paris : pop. 10,784 hab.

REIMS, *archevêché, collége royal, tr.* (Bonne ville), où les rois de France se font sacrer.

SAINTE-MENEHOULD, *tr.*

VITRY-SUR-MARNE, *tr.*

EPERNAY, *tr.*

Ce département produit une grande quantité d'excellents vins. Le pain-d'épice et les biscuits de Reims sont très estimés ; l'air y est très pur, excepté dans le voisinage des marais : pop. du département 303,132 hab. (Partie de la Champagne.)

Il est du ressort de la cour royale de Paris : il est compris dans la deuxième division militaire.

51. Le département de la HAUTE-MARNE, situé dans

la partie du milieu, est borné par ceux de la Marne, de la Meuse, des Vosges, de la Haute-Saône, de la Côte-d'Or et de l'Aube. Il est divisé en 3 arrond. de sous-préfectures, dont les chefs-lieux sont :

CHAUMONT, *préfecture*, *tr.*, à 25 myriamètres (63 lieues) de Paris : pop. 5,872 hab.

VASSY, *tr.*

LANGRES, *évêché*, *collége royal*, *tr.* C'est la plus haute ville de France.

Ce département est fertile en grains; il produit aussi de fort bons vins : pop. 231,455 hab. (Partie de la Champagne.)

Il est du ressort de la cour royale de cette même ville : il est compris dans la dix-huitième division militaire.

52. Le département de la MAYENNE, situé dans la partie du milieu, est borné par ceux de la Manche, de l'Orne, de la Sarthe, de Maine-et-Loire et d'Ille-et-Vilaine. Il est divisé en 3 arrond. de sous-préfectures, dont les chefs-lieux sont :

LAVAL, *préfecture*, *tr.*, à 28 myriamètres (72 lieues) de Paris : pop. 15,000 hab.

MAYENNE, *tr.*

CHATEAU-GONTHIER, *tr.*

Ce département produit des grains, du lin, du chanvre, et possède des blanchisseries, ainsi que des manufactures de draps, de toiles, et des forges : pop. 330,000 hab. (Partie du Maine et de l'Anjou.)

Il fait partie du diocèse du Mans, et est du ressort de la cour royale d'Angers : il est compris dans la vingt-deuxième division militaire.

53. Le département de la MEURTHE, situé dans la partie du nord, est borné par ceux du Bas-Rhin, des Vosges et de la Meuse. Il est divisé en 5 arrond. de sous-préfectures; dont les chefs-lieux sont :

NANCY, *préfecture*, *évêché*, *cour royale*, *collége royal*, *tr.*, *place forte*, à 33 myriamètres et demi (85 lieues) de Paris : pop. 29,628 hab. (Bonne ville.)

TOUL, *tr.*

CHATEAU-SALINS, *tr.*
SARREBOURG, *tr.*
LUNÉVILLE, *tr.*, *place forte.*

Ce département est fertile en blé, en vin, en lin et en chanvre, et l'on y exploite des mines de fer et de charbon de terre : pop. 355,535 hab. (Partie de la Lorraine.)

Il est compris dans la quatrième division militaire.

54. Le département de la MEUSE, situé dans la partie du nord, est borné par ceux des Ardennes, de la Meurthe, des Vosges, de la Haute-Marne et de la Marne. Il est divisé en 4 arrond. de sous-préfectures, dont les chefs-lieux sont :

BAR-LE-DUC, *préfecture*, *tr.*, *place forte*, à 25 myriamètre (64 lieues) de Paris : pop. 9,800 hab.
VERDUN, *tr.*, *place forte.*
MONTMÉDY, *tr.*, *idem.*
COMMERCY, le *tr* est à SAINT-MIHIEL.

Ce département produit, comme le précédent, du vin, du blé et du lin, et possède des forges et des verreries : pop. 276,600 hab. (Le Barrois, partie de la Lorraine.)

Il fait partie du diocèse de Nancy, et est du ressort de la cour royale de cette même ville : il est compris dans la deuxième division militaire.

55. Le département du MORBIHAN, situé dans la partie du milieu, est borné par les départements du Finistère, des Côtes-du-Nord, d'Ille-et-Vilaine, de la Loire-Inférieure et par l'Océan. Il se divise en 4 arr. de sous-préfectures, dont les chefs-lieux sont :

VANNES, *préfecture*, *évêché*, *tr.*, à 50 myriamètres (128 lieues) de Paris : pop. 10,605 hab.
PLOERMEL, *tr.*
LORIENT, *port de mer*, *tr.*
PONTIVY, *collége royal*, *tr.*

Ce département produit du blé et des bestiaux; on en tire d'excellent beurre : pop. 393,368 hab. (Partie de la Bretagne.)

Il est du ressort de la cour royale de Rennes : il est compris dans la treizième division militaire.

56. Le département de la MOSELLE, situé dans la partie du nord, est borné par ceux du Bas-Rhin, de la Meurthe et de la Meuse. Il est divisé en 4 arrond. de sous-préfectures, dont les chefs-lieux sont :

METZ, sur la Moselle, *ville forte, préfecture, évêché, cour royale, collége royal, tr.*, à 31 myriamètres (79 lieues) de Paris : pop. 37,272 hab. (Bonne ville.)

BRIEY, *tr.*

THIONVILLE, *tr.*, *place forte.*

SARREGUEMINES, *tr.*, *idem.*

Ce département produit du blé, de l'orge, du lin et du vin ; il y a des mines de fer et des fonderies de canons : pop. 376,261 hab. (Partie de le Lorraine et les Trois-Evêchés.)

Il est compris dans la troisième division militaire.

57. Le département de la NIÈVRE, situé dans la partie du milieu, est borné par ceux du Loiret, de l'Yonne, de la Côte-d'Or, de Saône-et-Loire, de l'Allier et du Cher. Il est divisé en 4 arrond. de sous-préfectures, dont les chefs-lieux sont :

NEVERS, au confluent de l'Allier avec la Loire, *préfecture, tr.*, à 23 myriamètres et demi (60 lieues) de Paris : pop. 11,878 hab.

COSNE, *tr.*

CLAMECY, *tr.*

CHATEAU-CHINON, *tr.*

Ce département produit du blé, des vins, du bois, des bestiaux, du charbon de terre, etc. ; il y a des tanneries, et l'on y trouve des mines de fer, et même des mines d'argent : pop. 236,958 hab. (Le Nivernais.)

Il fait partie du diocèse d'Autun, et est du ressort de la cour royale de Bourges : il est compris dans la vingt-unième division militaire.

58. Le département du NORD, situé dans la partie du nord, est borné par la mer et par les départements

de l'Aisne et du Pas-de-Calais. Il est divisé en 6 arrond. de sous-préfectures, dont les chefs-lieux sont :

Lille, *place forte, préfecture, collége royal, tr.*, à 23 myriamètres et demi (60 lieues) de Paris : popul. 59,724 hab. (Bonne ville.)

Douay, *place forte, cour royale, collége royal, tr.*

Cambray, *archevêché, tr., place forte.* Fénélon l'a rendue célèbre.

Dunkerque, *tr., place forte.*

Avesnes, *tr., idem.*

Hazebrouck, *tr., idem.*

Ce département est fertile en blé, houblon, lin, chanvre, légumes et colza ; il nourrit de nombreux troupeaux qui fournissent un beurre excellent : popul. 820,522 hab. (Partie de la Flandre, le Hainaut.)

Il est compris dans la seizième division militaire.

59. Le département de l'Oise, situé dans la partie du nord, est borné par ceux de la Somme, de l'Aisne, de Seine-et-Marne, de Seine-et-Oise, de l'Eure et de la Seine-Inférieure. Il est divisé en 4 arrond. de sous-préfectures, dont les chefs-lieux sont :

Beauvais, *préfecture, tr.*, à 8 myriamètres 3 quarts (22 lieues) de Paris : pop. 12,791 hab.

Clermont, *tr.*

Compiègne, *tr., château royal.*

Senlis, *tr.*

Ce département produit du blé, du chanvre, du lin, des légumes, du bois, des pommes ; on en tire des volailles, des bestiaux et de la laine qui est très estimée : pop. 372,130 hab. (Partie de l'Ile-de-France, le Beauvaisis, etc.)

Il fait partie du diocèse d'Amiens, et est du ressort de la cour royale de cette même ville : il est compris dans la première division militaire.

60. Le département de l'Orne, situé dans la partie du nord, est borné par ceux du Calvados, de l'Eure, d'Eure-et-Loir, de la Sarthe, de la Mayenne et de la Manche. Il est divisé en 4 arrond. de sous-préfectures, dont les chefs-lieux sont :

Alençon, *préfecture*, *tr.*, à 19 myriamètres un quart (49 lieues) de Paris : pop. 13,234 habitants.

Domfront, *tr.*

Argentan, *tr.*

Mortagne, *tr.*

Séez, *évêché*,

Ce département produit d'excellents pâturages ; les dentelles, dites point d'Alençon, sont très estimées ; il y a des carrières de granit, de cristal de roche, et de la terre à faïence et à briques : pop. du département 405,767 habitants. (Partie de la Normandie, et partie septentrionale du Perche.)

Il est du ressort de la cour royale de Caen : il est compris dans la quatorzième division militaire.

61. Le département du Pas-de-Calais, situé dans la partie du Nord, est borné par la mer et par les départements du Nord et de la Somme. Il est divisé en 6 arrond. de sous-préfectures, dont les chefs-lieux sont:

Arras, sur la Scarpe, *préfecture*, *évêché*, *tr.*, *place forte*: pop. 18,872 habitants.

Boulogne, *port de mer*, *tr.*

Saint-Omer, *place forte* sur l'Aa, *collége royal*, *tr.*

Montreuil, *port de mer*, *tr.*

Béthune, *tr.*, *place forte.*

Saint-Pol, *tr.*, *idem.*

Ce département produit du blé, du chanvre, du lin, du colza, des pâturages : pop. 559,984 habit. (L'Artois, etc.)

Il est du ressort de la cour royale de Douai : il est compris dans la seizième division militaire.

62. Le département du Puy-de-Dôme, situé dans la partie du milieu, est borné par ceux de l'Allier, de la Loire, de la Haute-Loire, du Cantal, de la Corrèze et de la Creuze. Il est divisé en 5 arrond. de sous-préfectures, dont les chefs-lieux sont :

Clermont-Ferrand, *préfecture*, *évêché*, *collége royal*, *tr.*, à 33 myriamètres et demi (98 lieues) de Paris : pop. 30,379 hab. (Bonne ville.)

Riom, *cour royale*, *tr.*

THIERS, *tr.*
AMBERT, *tr.*
ISSOIRE, *tr.*

Ce département produit des pâturages, du beurre, des fromages et des plantes aromatiques : population, 533,722 hab. (Partie de l'Auvergne.)

Il est compris dans la dix-neuvième division militaire.

63. Le département des BASSES-PYRÉNÉES, situé dans la partie du midi, est borné par les départements des Landes, du Gers, des Hautes-Pyrénées, par les Monts Pyrénées et par la mer. Il est divisé en 5 arrond. de sous-préfectures, dont les chefs-lieux sont:

PAU, *préfecture, cour royale, collége royal, tr.*, à 78 myriamèt. un quart (200 lieues) de Paris : pop. 9,000 h. (Bonne ville.) Elle a donné naissance à Henri IV.

BAÏONNE, *port de mer, évêché, tr.*
OLORON, *tr.*
ORTHÈS, *tr.*
MAULÉON.

Ce département, qui se glorifie d'avoir donné naissance à Henri IV, produit du vin, du millet, de l'avoine, des fruits. Les jambons de Bayonne sont très estimés: pop. 379,223 hab. (Le Béarn, la Navarre.)

Il est compris dans la onzième division militaire.

64. Le département des HAUTES-PYRÉNÉES, situé dans la partie du midi, est borné par ceux des Basses-Pyrénées, du Gers, de la Haute-Garonne et par les Monts-Pyrénées. Il est divisé en 3 arrond. de sous-préfectures, dont les chefs-lieux sont:

TARBES, *préfecture, tr.*, à 81 myriamètres et demi (208 lieues) de Paris : pop. 7,939 habitants.

BAGNÈRES, *tr.*
ARGELÈS, *tr.*

Ce département produit du seigle, du millet, du blé d'Espagne, et d'excellents pâturages dans les vallées ; on y trouve des mines de fer, de plomb et de cuivre ; il fournit d'excellents chevaux : les eaux minérales de Bagnères et de Barège y attirent beaucoup de monde : pop. 196,466 hab. (Le Bigorre, les Quatre-Vallées.)

Il fait partie du diocèse de Bayonne, et est du ressort de la cour royale de Pau : il est compris dans la dixième division militaire.

65. Le département des Pyrénées-Orientales, situé dans la partie du midi, est borné par ceux de l'Ariège et de l'Aude, par la mer Méditerranée, et par les Monts-Pyrénées. Il est divisé en 3 arrond. de sous-préfectures, dont les chefs-lieux sont :

Perpignan, *préfecture*, *tr.*, *place forte*, à 89 myriamètres (227 lieues) de Paris : pop. 12,500 habitants.

Céret, *tr.*

Prades, *tr.*

Ce département n'est fertile qu'en vins et en pâturages ; mais il possède de nombreuses manufactures : pop. 125,230 hab. (Le Roussillon, la Cerdagne.)

Il fait partie du diocèse de Carcassonne, et est du ressort de la cour royale de Montpellier : il est compris dans la dixieme division militaire.

66. Le département du Bas-Rhin, situé dans la partie du nord, est borné par le Rhin, par les départements du Haut-Rhin, des Vosges, de la Meurthe et de la Moselle. Il est divisé en 4 arrond. de sous-préfectures, dont les chefs-lieux sont :

Strasbourg, ville très forte sur l'Ille, près du Rhin, *évêché*, *préfecture*, *collége royal*, *tr.*, à 46 myriamètres et demi (119 lieues) de Paris : pop. 49,900 hab. (Bonne ville.)

Wissembourg, *ville forte*, *tr.*

Saverne, *tr.* On y voit un beau château, qui appartenoit à l'évêque de Strasbourg.

Schelestat, *tr.*, *place forte*.

Ce département produit du vin très estimé, du chanvre, du tabac ; possède de nombreuses manufactures et des fabriques de métaux ; on y trouve des mines de plomb, de cuivre et d'argent : pop. 488,660 habitants. (Partie de l'Alsace.)

Il est du ressort de la cour royale de Colmar : il est compris dans la cinquième division militaire.

67. Le département du Haut-Rhin, situé dans la partie du milieu, est borné par le département du Bas-Rhin, par le Rhin, la Suisse, les départements du Doubs, de la Haute-Saône et des Vosges. Il est divisé en 3 arrond. de sous-préfectures, dont les chefs-lieux sont :

Colmar, *préfecture, cour royale, collége royal, tr., place forte*, à 48 myriamètres un quart (123 lieues) de Paris : pop. 14,115 habitants.

Altkirch, *tr.*

Béfort, *tr.*, *place forte*.

Ce département produit du fer, du vin, du blé et de la garance ; il possède des forges considérables, des fabriques de toiles, de draps, et des papeteries : pop. 404,018 hab. (Partie de l'Alsace.)

Il fait partie du diocèse de Strasbourg : il est compris dans la cinquième division militaire.

68. Le département du Rhône, situé dans la partie du milieu, est borné par ceux de Saône-et-Loire, de l'Ain, de l'Isère et de la Loire. Il est divisé en 2 arrond. de sous-préfectures, dont les chefs-lieux sont :

Lyon, *préfecture, archevêché, cour royale, collége royal, tr.*, à 47 myriamètres (119 lieues) de Paris : popul. 100,000 hab. (Bonne ville.)

Villefranche, *tr.*

Ce département produit de bon blé, du vin et des fruits ; les manufactures de soierie y sont un grand objet de commerce ; il y a des mines de cuivre et de plomb : pop. 335,113 hab. (Lyonnais, Beaujolais.)

Il est compris dans la dix-neuvième division militaire.

69. Le département de la Haute-Saône, situé dans la partie du milieu, est borné par ceux de la Haute-Marne, des Vosges, du Haut-Rhin, du Doubs, du Jura et de la Côte-d'Or. Il est divisé en 3 arrond. de sous-préfectures, dont les chefs-lieux sont :

VESOUL, *préfecture*, *tr.*, à 35 myriamètres et demi (88 lieues) de Paris : pop. 5,448 habitants.

GRAY, *tr.*

LURE, *tr.*

Ce département produit du blé, du vin, des fruits, des légumes, des pâturages, etc. : pop. 292,122 hab. (Partie de la Franche-Comté.)

Il fait partie du diocèse de Besançon, et est du ressort de la cour royale de cette même ville : il est compris dans la sixième division militaire.

70. Le département de SAÔNE-ET-LOIRE, situé dans la partie du milieu, est borné par ceux de la Nièvre de la Côte-d'Or, du Jura, de l'Ain, du Rhône, de la Loire et de l'Allier. Il est divisé en 5 arrond. de sous-préfectures, dont les chefs-lieux sont :

MACON, sur la Saône, *préfecture*, *tr.*, à 40 myriamètres (102 lieues) de Paris : pop. 10,438 habitants.

AUTUN, *évêché*, *collége royal*, *tr.*

CHALONS-sur-Saône, *tr.*

CHAROLLES, *tr.*

LOUHANS, *tr.*

Ce département produit tout ce qui est nécessaire à la vie, et surtout d'excellent vin ; il commerce en blé, foin et bétail : pop. 463,782 hab. (Partie de la Bourgogne.)

Il est du ressort de la cour royale de Dijon : il est compris dans la dix-huitième division militaire.

71. Le département de la SARTHE, situé dans la partie du milieu, est borné par ceux de la Mayenne, de l'Orne, d'Eure-et-Loir, de Loir-et-Cher, d'Indre-et-Loire et de Maine-et-Loire. Il est divisé en 4 arr. de sous-préfectures, dont les chefs-lieux sont :

LE MANS, *évêché*, *préfecture*, *collége royal*, *tr.*, à 21 myriamètres un quart (54 lieues) de Paris : pop. 18,533 hab.

MAMERS, *tr.*

SAINT-CALAIS, *tr.*

LA FLÈCHE, *école royale*, *fondée par Henri IV.*

Ce département produit du blé, du chanvre, des pâturages; les volailles et les bougies du Mans sont fort estimées : pop. 404,847 hab. (Partie de l'Anjou, le Maine.)

Il est du ressort de la cour royale d'Angers ; il est compris dans la vingt-deuxième division militaire.

72. Le département de la SEINE, situé dans la partie du nord, est enclavé dans celui de Seine-et-Oise. Il est divisé en 3 arrond. de sous-préfectures, dont les chefs-lieux sont :

PARIS, *capitale de la France, siége du gouvernement et des deux Chambres, archevêché, préfecture, cour de cassation, cour royale, tr., colléges royaux :* pop. 715,000 habit. (Bonne ville.)

SAINT-DENIS, *dont l'église, anciennement abbatiale, et aujourd'hui collégiale, est la sépulture des membres de la famille royale.*

SCEAUX, *gros bourg*, à 2 lieues sud-ouest de Paris.

Ce département fait un commerce considérable en tout genre : les environs de Paris sont délicieux, et répondent à la magnificence de cette ville : population du département environ 850,000 habitants. (Partie de l'Isle-de-France.)

Il est compris dans la première division militaire.

73. Le département de la SEINE-INFÉRIEURE, situé dans la partie du nord, est borné par la mer et par les départements de la Somme, de l'Oise et de l'Eure. Il est divisé en 5 arrond. de sous-préfectures, dont les chefs-lieux sont :

ROUEN, *préfecture, archevêché, cour royale, collége royal, tr.*, à 14 myriamètres (35 lieues) de Paris : pop. 81,098 habitants. (Bonne ville.)

LE HAVRE, *port de mer, tr.*

DIEPPE, *port de mer, tr.*

YVETOT, *tr.*

NEUFCHATEL, *tr.*

Ce département fournit abondamment du blé, du lin, du colza, des pommes et des poires, dont on fait de fort bon cidre et poiré : les fromages dits de Neufchâtel sont fort estimés ; il possède de nombreuses manufactures de toiles et de cotonnades, et le commerce y est très considérable : pop. 625,521 habit. (Partie de la Normandie.)

Il est compris dans la quinzième division militaire.

74. Le département de SEINE-ET-MARNE, situé dans la partie du nord, est borné par ceux de l'Oise, de la Marne, de l'Aube, de l'Yonne, du Loiret et de Seine-et-Oise. Il est divisé en 5 arrond. de sous-préfectures, dont les chefs-lieux sont :

MELUN, sur la Seine, *préfecture*, *tr.*, à 4 myriamètres (11 lieues) de Paris : pop. 6,680 hab.

MEAUX, *évêché*, *tr.*

FONTAINEBLEAU, *château royal*, *tr.*

COULOMMIERS, *tr.*

PROVINS, *tr.*

Juilly, *collége royal.*

Ce département est fertile en blé, en pâturages, et même en vin d'une médiocre qualité ; ses forêts approvisionnent Paris de bois et de charbons : pop. 295,613 habitants. (La Brie et le Gâtinais.)

Il est du ressort de la cour royale de Paris : il est compris dans la première division militaire.

75. Le département de SEINE-ET-OISE, situé dans la partie du nord, est borné par ceux de l'Oise, de Seine et Marne, du Loiret, d'Eure et Loir, et de l'Eure : il entoure de toutes parts le département de la Seine, et est divisé en 6 arrond. de sous-préfectures, dont les chefs-lieux sont :

VERSAILLES, *préfecture*, *évêché*, *collége royal*, *tr.*, *ancienne résidence des rois de France, depuis Louis XIV jusqu'à Louis XVI*, à 2 myriamètres (5 lieues) de Paris : pop. 26,037 hab. (Bonne ville.)

MANTES, *tr.*

PONTOISE, *tr.*

RAMBOUILLET, *tr.*, *château royal.*

CORBEIL, *tr.*

ETAMPES, *tr.*

Ce département abonde en blé, grain, vin et bois; le château et le parc y attirent un grand concours d'étrangers; on y remarque la manufacture de porcelaine de Sèvres et le château royal de St-Cloud: pop. 419,980 habitants. (Partie de l'Isle-de-France.)

Il est du ressort de la cour royale de Paris: il est compris dans la première division militaire.

76. Le département des DEUX-SÈVRES, situé dans la partie du milieu, est borné par ceux de Maine-et-Loire, de la Vienne, de la Charente, de la Charente-Inférieure et de la Vendée. Il est divisé en 4 arrond. de sous-préfectures, dont les chefs-lieux sont:

NIORT, *préfecture*, *collége royal*, *tr.*, à 41 myriamèt. et demi (106 lieues) de Paris: pop. 14,516 habitants.

MELLE, *tr.*

PARTENAY, *tr.*

BRESSUIRE, *tr.*

Ce département produit du seigle, de l'avoine, des graines grasses, des fèves et du bois; on y élève des bestiaux, et l'on y commerce en laine; il a partagé avec celui de la Vendée les malheurs de la guerre civile: pop. 250,633 hab. (Partie du Poitou.)

Il fait partie du diocèse de Poitiers, et est du ressort de la cour royale de cette même ville: il est compris dans la douzième division militaire.

77. Le département de la SOMME, situé dans la partie du nord, est borné par ceux du Pas-de-Calais, de l'Aisne, de l'Oise, de la Seine-Inférieure et par la mer. Il est divisé en 5 arrond. de sous-préfectures, dont les chefs-lieux sont:

AMIENS, sur la Somme, *évêché*, *préfecture*, *cour royale*, *collége royal*, *tr.*, à 13 myriamètres (33 lieues) de Paris: pop. 39,344 hab. (Bonne ville.)

ABBEVILLE, *tr.*

DOULENS, *tr.*

PÉRONNE, *tr.*

MONTDIDIER, *tr.*

Ce département produit du blé, du chanvre, du lin, des légumes, du colza ; il s'y fait un grand commerce d'épiceries ; on y nourrit une grande quantité de volailles, et des moutons dont la laine est fort belle : pop. 486,313 hab. (Partie de la Picardie.)

Il est compris dans la quinzième division militaire.

78. Le département du Tarn, situé dans la partie du midi, est borné par ceux de Tarn-et-Garonne, de l'Aveyron, de l'Hérault, de l'Aude et de la Haute-Garonne. Il est divisé en 4 arrond. de sous-préfectures, dont les chefs-lieux sont :

Alby, *archevêché*, sur le Tarn, *préfecture*, *tr.*, à 65 myriamètres et demi (168 lieues) de Paris : pop. 9,800 habitants.

Castres, *tr.*

Gaillac, *tr.*

Lavaur, *tr.*

Sorrèze, *collége royal.*

Ce département est fertile en vins et en grains ; il produit du lin, du chanvre, du pastel, du safran : on y fabrique des toiles, des futaines, des ratines, des flanelles et des tricots ; il y a des mines de fer, de plomb et de houille : pop. 291,194 hab. (Partie du Languedoc.)

Il est du ressort de la cour royale de Toulouse : il est compris dans la neuvième division militaire.

79. Le département de Tarn-et-Garonne, situé dans la partie du midi, est borné par ceux de Lot-et-Garonne, du Lot, de l'Aveyron, du Tarn, de la Haute-Garonne et du Gers. Il est divisé en 3 arrond. de sous-préfectures, dont les chefs-lieux sont :

Montauban, *évêché*, *préfecture*, *tr.* à 70 myriamètres deux tiers (170 lieues) de Paris : pop. 24,591 hab. (Bonne ville.)

Moissac, *tr.*

Castel-Sarrazin, *tr.*

Ce département produit du blé et du vin, d'excellents fruits, et abonde en bestiaux et en gibier: pop. 233,059 hab. (Partie du Languedoc.)

Il est du ressort de la cour royale de Toulouse : il est compris dans la dixième division militaire.

80. Le département du VAR, situé dans la partie du midi, est borné par ceux des Bouches-du-Rhône, de Vaucluse, des Basses-Alpes, des Alpes-Maritimes et par la mer Méditerranée. Il est divisé en 4 arrond. de sous-préfectures, dont les chefs-lieux sont :

DRAGUIGNAN, *préfecture*, *tr.*, à 89 myriamètres (222 lieues) de Paris : pop. 7,862 hab.

TOULON, *port de mer*, *préfecture maritime*, *tr.*

BRIGNOLLES, *tr.*

GRASSE, *tr.*

ANTIBES. (Bonne ville.)

Ce département produit de bons vins, des figues, des olives, des oranges, des citrons, etc. : popul. 277,930 hab. (Partie de la Provence.)

Il fait partie du diocèse d'Aix, et est du ressort de la cour royale de cette même ville : il est compris dans la huitième division militaire.

81. Le département de VAUCLUSE, situé dans la partie du midi, est borné par ceux de la Drôme, des Basses-Alpes, du Var, des Bouches-du-Rhône et du Gard. Il est divisé en 4 arrond. de sous-préfectures, dont les chefs-lieux sont :

AVIGNON, sur le Rhône, *préfecture*, *évêché*, *collége royal*, *tr.*, à 71 myriamètres (181 lieues) de Paris : popul. 23,211 hab. Elle appartenoit au pape avant la réunion à la France.

ORANGE, *tr.*

CARPENTRAS, *tr.*

APT, *tr.*

Ce département produit de bons vins; on y cultive les mûriers, les oliviers et les lauriers; il fournit du safran et de la garance : pop. 202,216 hab. (Le comtat Venaissin, Orange.)

Il est du ressort de la cour royale de Nîmes : il est compris dans la huitième division militaire.

82. Le département de la VENDÉE, situé dans la partie du milieu, est borné par ceux de la Loire-Inférieure, de Maine-et-Loire, des Deux-Sèvres, de la Charente-Inférieure et par l'Océan. Il est divisé en 3 arrond. de sous-préfectures, dont les chefs-lieux sont :

BOURBON-Vendée, ci-devant la Roche-sur-Yon, *préfecture, tr.*, à 47 myr. (118 lieues) de Paris.

FONTENAY-LE-COMTE, *tr.*

LES SABLES D'OLONNE, *tr.*

Ce département, que le dévouement courageux de ses habitants à la cause royale a rendu célebre, produit du blé; on y élève des chevaux et des mulets : pop. 266,851 hab. (Partie du Poitou.)

Il fait partie du diocèse de la Rochelle, et est du ressort de la cour royale de Poitiers : il est compris dans la douzième division militaire.

83. Le département de la VIENNE, situé dans la partie du milieu, est borné par ceux de Maine-et-Loire, d'Indre-et-Loire, de l'Indre, de la Haute-Vienne, de la Charente et des Deux-Sèvres. Il est divisé en 5 arrond. de sous-préfectures, dont les chefs-lieux sont :

POITIERS, *préfecture, évêché, cour royale, collége royal, tr.*, à 34 myriamètres un tiers (88 lieues) de Paris : pop. 21,124 hab.

LOUDUN, *tr.*

CHATELLERAULT, *tr.*

MONTMORILLON, *tr.*

CIVRAY, *tr.*

Ce département produit du bois, du blé, du vin, du lin, du chanvre, des fruits et du miel; il possède quelques manufactures et des papeteries : pop. 248,580 hab. (Partie du Poitou.)

Il est compris dans la douzième division militaire.

84. Le département de la HAUTE-VIENNE, situé dans la partie du milieu, est borné par ceux de la Vienne, de l'Indre, de la Creuse, de la Corrèze, de

a Dordogne et de la Charente. Il est divisé en 4 arr. le sous-préfectures, dont les chefs-lieux sont :

Limoges, sur la Vienne, *préfecture, évêché, cour royale, collége royal, tr.*, à 38 myriamèt. (97 lieues) le Paris : pop. 21,025 hab.

Bellac, *tr.*

Saint-Yrieix, *tr.*

Rochechouart, *tr.*

Ce département produit du seigle, de l'avoine, des châtaignes, du bois et des pâturages; on y élève des chevaux et un grand nombre de bestiaux : pop. 236,255 hab. (Partie du Poitou et du Limousin.)

Il est compris dans la vingt-unième division militaire.

85. Le département des Vosges, situé dans la partie du milieu, est borné par ceux de la Meuse, de la Meurthe, du Bas-Rhin, du Haut-Rhin, de la Haute-Saône et de la Haute-Marne. Il est divisé en 5 arr. de sous-préfectures, dont les chefs-lieux sont :

Epinal, *préfecture, collége royal, tr.*, à 38 myriamètres un quart (97 lieues) de Paris : pop. 7,520 hab.

Neufchateau, *tr.*

Mirecourt, *tr.*

Saint-Dié, *tr.*

Remiremont, *tr.*

Ce département produit du vin, peu de blé, mais beaucoup d'orge, d'avoine, de sarrasin et des pommes de terre; il y a des mines de fer, de plomb et même d'argent : popul. 235,883 hab. (Partie de la Lorraine, des TroisEvêchés.)

Il fait partie du diocèse de Nancy, et est du ressort de la cour royale de cette même ville : il est compris dans la quatrième division militaire.

86. Le département de l'Yonne, situé dans la partie du milieu, est borné par ceux de Seine-et-Marne, de l'Aube, de la Côte-d'Or, de la Nièvre et du Loiret. Il est divisé en 5 arrond. de sous-préfectures, dont les chefs-lieux sont :

Auxerre, *préfecture, tr.*, à 17 myriamètres (43 lieues) de Paris : pop. 11,300 hab.

Sens, *tr.*
Joigny, *tr.*
Tonnerre, *tr.*
Avalon, *tr.*

Ce département est fertile en blé, avoine, chanvre et bois; il produit d'excellent vin, et nourrit de nombreux troupeaux. C'est un de ceux qui contribuent le plus à l'approvisionnement de Paris: pop. 318,584 hab. (Partie de la Bourgogne.)

Il fait partie du diocèse de Troyes, et est du ressort de la cour royale de Paris : il est compris dans la dix-huitième division militaire.

ARTICLE DEUXIÈME.

DE L'ITALIE.

D. Qu'est-ce que l'Italie?

R. L'Italie est une grande presqu'île qui a la forme d'une botte; c'est un des pays les plus beaux et les plus fertiles de l'Europe.

D. Quelles sont les bornes de l'Italie?

R. L'Italie est bornée au nord et à l'ouest par les Alpes, et de tous les autres côtés par la mer Méditerranée, dont un grand golfe, nommé la mer Adriatique, la sépare à l'Orient de l'Istrie et de la Dalmatie.

D. Comment divise-t-on l'Italie?

R On divise l'Italie en partie septentrionale et en partie méridionale.

D. Que contient la partie septentrionale?

R. La partie septentrionale contient, 1°. les états du roi de Sardaigne en Italie; 2°. ceux de l'empereur d'Autriche, ou le royaume Lombard-Vénitien; 3°. le duché de Parme et de Plaisance; 4°. le grand-duché de Toscane; 5°. le duché de Modène; 6°. les états de l'Eglise.

D. Que contient la partie méridionale?

R. Elle ne contient que le royaume de Naples, qui, réuni à la Sicile, s'appelle royaume des Deux-Siciles.

D. Quelles sont les principales rivières de l'Italie?

R. Le Pô, qui prend sa source au mont Viso,

8

L'ITALIE.
Lieues d'une heure
10
20
30
SUISSE
ALLEMAGNE
FRANCE
TURQUIE
DALMATIE
CROATIE
Golfe de Venise
Golfe de Genes
MER MEDITERRANEE
CORSE
SARDAIGNE
SICILE
TOSCANE
Nord
Midi
Occident
Orient
Supplément
Lieues d'une heure
SICILE
MEDITERRANEE
I. de Malte
AFRIQUE
Genève
Lyon
Grenoble
Avignon
Aix
Marseille
Toulon
Turin
Milan
Venise
Padoue
Parme
Modene
Bologne
Ferrare
Ravenne
Florence
Pise
Livourne
Sienne
Ancone
Loretto
Rome
Naples
Capoue
Salerne
Benevent
Tarente
Golfe de Tarente
Brindes
Manfredonia
Cozenza
Catanzaro
Regio
Messine
Palerme
Raguse
Monaco
Cagliari
Sassari
Bastia
Corte
Ajaccio
Bonifacio
Trieste

R. Elle ne contient que le royaume de Naples, qui réuni à la Sicile, s'appelle royaume des Deux-Siciles

D. Quelles sont les principales rivières de l'Italie?

R. Le Pô, qui prend sa source au mont Viso,

asse à Turin, à Casal, à Plaisance, à Crémone, t se rend dans le golfe de Venise par plusieurs emouchures; l'Adige, qui a son embouchure dans le nême golfe; l'Adda et le Tésin qui se jettent dans Pô; l'Arno et le Tibre qui se jettent dans la Méditerranée.

PARTIE SEPTENTRIONALE.

Etats du roi de Sardaigne.

D. En quoi consistent les états du roi de Sardaigne n Italie?

R. Les états du roi de Sardaigne en Italie sont, °. la Savoie; 2°. le comté de Nice; 3°. le Piémont; °. l'état de Gênes.

Savoie.

D. Qu'est-ce que la Savoie?

R. La Savoie est un duché qui est borné à l'occident ar la France; au nord, par la Suisse; à l'orient, par le ésin et le Pô; au sud, par l'état de Gênes. Les Franais s'en étoient emparés et en avoient fait un déparement, sous le nom du Mont-Blanc: mais elle a été endue au roi de Sardaigne en 1815.

D. Quelles sont les principales villes de la Savoie?

CHAMBÉRY, *capitale*, *évêché:* pop. 11,768 hab.

ANNECY, ville épiscopale.

SAINT-JEAN-DE-MAURIENNE, petite ville.

D. Quelles sont les productions de la Savoie?

R. Ce pays est peu fertile, excepté en quelques enroits où l'on recueille du blé et du vin.

Comté de Nice.

D. Où est situé le comté de Nice?

R. Il est situé entre le Piémont, la Méditerranée et a France. Il a formé un département français, sous e nom d'Alpes-Maritimes, et a été rendu au roi de ardaigne en 1814.

D. Quelles sont les principales villes du comté de Vice?

R. NICE, qui en est la capitale, et qui est située sur

la pente d'un rocher, au-dessus duquel est la citadelle : pop. près de 20,000 habit.

Puget-Théniers, petite ville, ou plutôt gros bourg.

Monaco, qui est enclavé dans le comté, mais qui en est indépendant, et qui a son prince particulier.

Piémont.

D. Qu'est-ce que le Piémont?

R. Le Piémont est une principauté ainsi nommée, parcequ'elle est au pied des monts ou des Alpes, qui la séparent de la France et de la Savoie. Le fils aîné du roi de Sardaigne portoit anciennemet le nom de Prince de Piémont; depuis il a porté celui de duc de Savoie.

D. Quelle est l'étendue du Piémont?

R. Le Piémont a environ soixante-dix lieues du nord au sud, et trente-six, de l'est à l'ouest.

D. Comment divise-t-on le Piémont?

R. Il est divisé en *Piémont propre*, dans le milieu; duché d'*Aoste*, au nord; seigneurie de Verceil, à l'orient; et marquisat de Saluce, à l'occident. Le duché de Mont-Ferrat fait aussi partie du Piémont. Il a été réuni à la France pendant quelques années, et formoit alors cinq départements. Il a été restitué au roi de Sardaigne en 1814.

D. Quelles sont les productions du Piémont?

R. Le Piémont, quoique montagneux en plusieurs endroits, est fort peuplé, et fertile en vins, en blé et en fruits.

D. Quelles sont les principales villes du Piémont?

R. Ivrée, sur la *Doire* : pop. 7794 hab.

Aoste, *capitale* du duché de ce nom.

Chivas, *ville forte*, sur le *Pô*.

Verceil, *capitale* de la Seigneurie de ce nom : pop. 15,870 hab.

Bielle, au nord-ouest de Verceil.

Santhia, petite ville.

Turin, *capitale* de tout le Piémont, sur le Pô, *ville fortifiée* : pop. 65,000 hab.

Suze, *marquisat*, et ville du même nom, sur la *Doria.*

Pignerol, petite ville épiscopale.

Alexandrie, sur le Tanaro, *place forte*: popul. 30,000 hab.

Asti, *ville forte et ancienne*, pop. 18,000 hab.

Céva, *ville forte*, sur le *Tanaro.*

Casal, *capitale* du Mont-Ferrat: près de 14,000 habitants.

Acqui, petite ville épiscopale, sur la *Bormida.*

Coni, belle ville, *bien fortifiée*, sur une montagne: pop. 16,724 hab.

Alba, petite ville, sur le *Tanaro.*

Mondovi, pop. 15,000 hab.

Saluces, *capitale* du marquisat de ce nom.

Bobbio, a titre de comté.

Novi, petite ville épiscopale.

Tortone, *ville assez forte*, avec un beau château.

Voghera, *ville fortifiée.*

Etat de Gênes.

D. Qu'est-ce que l'état de Gênes?

R. L'état de Gênes étoit une ancienne république qui a formé, pendant plusieurs années, trois départements français, et a été réunie, par l'acte du Congrès de Vienne, du 9 juin 1815, aux états du roi de Sardaigne.

D. Quelles sont les productions de l'état de Gênes?

R. Ce pays, quoique plein de montagnes, ne laisse pas d'être fertile, et de produire d'excellents vins, de très bons fruits, et surtout quantité d'olives.

D. Quelles sont les principales villes de l'état de Gênes?

R. Gênes, *capitale*, grande et belle ville, qui s'élève en amphithéâtre, sur le bord de la mer. On la nomme *Gênes la superbe*: popul. 75,800 hab.

Savone, grande ville, à l'occident de Gênes, peuplée, et fort marchande: pop. 10,600 hab.

San-Remo, petite ville.

Port-Maurice, petite ville, sur une éminence, avec un port.

CHIAVARI, petite ville remarquable par ses foires: pop. 7,960 hab.

SARZANA, *ville forte*, et épiscopale, sur la Magra.

SPEZIA, petite ville, qui donne son nom à un golfe.

ÉTAT DE PARME.

D. Quelles sont les limites de l'état de Parme?

R. L'état de Parme est borné au midi par l'état de Gênes; au nord, par le Pô; à l'orient, par le Modénois; à l'occident, par le Piémont.

D. Comment se divise l'état de Parme?

R. Il se divise, 1°. en duché de *Parme* à l'orient; 2°. duché de *Plaisance*, à l'occident; 3°. marquisat de *Busseto*, au nord; 4°. duché de *Guastalla*, au nord-est.

D. A qui appartient ce duché?

R. Ce duché, après avoir formé un département français, sous le nom du *Taro*, a été détaché de la France en 1814, et donné, par l'acte du Congrès de Vienne, à son Altesse Impériale Marie-Louise, fille aînée de S. M. l'Empereur d'Autriche.

D. Quelles sont les productions du duché de Parme?

R. Ce duché est fertile en blé, en vins, en excellents pâturages, en bestiaux et en soie.

D. Nommez-en les principales villes.

R. PARME, *capitale* de tout le duché, sur le *Parma*, grande et belle ville: pop. 28,000 hab.

PLAISANCE, au confluent du *Pô* et de la *Trébia*, ville bien bâtie, plus grande, mais moins peuplée que Parme.

BORGO SAN DONINO, petite ville.

BUSSETO, *capitale* du marquisat de ce nom.

GUASTALLA, *capitale* du duché de ce nom.

GRAND-DUCHÉ DE TOSCANE.

D. Où est situé le grand-duché de Toscane?

R. Il est situé entre la Méditerranée et l'état de l'Eglise.

D. Comment est-il divisé?

R. En trois provinces : 1°. le Florentin ; 2°. le Pisan ; 3°. le Siennois.

D. A qui appartient le grand-duché de Toscane ?

R. Il formoit dans ces dernières années trois départements français. Détaché de la France en 1814, il a été rendu, par l'acte du Congrès de Vienne, à S. A. R. l'archiduc Ferdinand d'Autriche.

D. Quelles sont les productions de la Toscane?

R. La Toscane est une des plus belles et des plus fertiles contrées de l'Italie. On y trouve des carrières de beau marbre, des mines d'alun et même d'argent.

D. Quelles sont les principales villes du grand-duché de Toscane ?

R. Florence, *capitale* du grand-duché, sur *l'Arno ;* on la surnomme la belle : pop. 75,000 hab. C'est la ville d'Italie où l'on parle le plus purement la langue italienne.

Pistoie, ville située au pied de l'Apennin.

Arezzo, ville bâtie sur une petite éminence, dans une plaine agréable et fertile : pop. 8,000 hab.

Livourne, grande et belle ville, port célèbre qui attire beaucoup d'étrangers.

Pise, *capitale* du Pisan, sur l'*Arno ;* son port est situé à trois milles, ou une lieue, de l'embouchure de ce fleuve : pop. 12,000 hab.

Volterra, au sud-est de Livourne, sur une montagne.

Sienne, *capitale* du Siennois : pop. 17,000 hab.

Montepulciano, petite ville épiscopale.

Grosseto, petite ville épiscopale, à deux lieues de la mer.

Pontremoli, *ville forte*, aux confins de l'état de Gènes.

D. Quelles sont les autres possessions du grand-duc de Toscane ?

R. L'île d'Elbe et la principauté de Piombino.

D. Le pays, ou ci-devant république de Lucques, n'appartient-il pas au grand-duc de Toscane ?

R. Ce prince y tient garnison, en attendant que la princesse d'Espagne, ci-devant reine d'Etrurie, en ait pris possession.

ÉTAT DE L'ÉGLISE.

D. Qu'est-ce que l'état de l'Eglise ?

R. C'est une partie de l'Italie bornée au nord par le Modénois ; au nord-est, par le golfe de Venise ; à l'orient, par le royaume de Naples ; au midi, par la Méditerranée.

D. Pourquoi l'appelle-t-on Etat de l'Eglise ?

R. Parceque c'est le Pape qui en est le souverain. Cet état, dont le Pape avoit été dépouillé, étoit dans ces dernières années réuni partie à la France, partie au royaume d'Italie ; mais il a été rendu en 1814 à son souverain légitime.

D Comment se divise l'état de l'Eglise ?

R. Il se divise en onze provinces, qui sont du midi au nord-ouest, la *Campagne de Rome*, le *Patrimoine de St.-Pierre*, l'*Orvietan*, la *Terre de Sabine*, le *Pérougin*, l'*Ombrie*, la *Marche d'Ancône*, le duché d'*Urbin*, la *Romagne*, le *Bolonais* et le *Ferrarais.*

D. Quelles sont les principales villes de l'Etat de l'Eglise ?

R. Rome, sur le *Tibre*, *capitale :* popul. 131,000 hab. Elle est surnommée *la Sainte*, parcequ'elle est le centre de la vraie Religion, et qu'un grand nombre de Martyrs y sont morts pour la foi.

Velletri, ville agréable : pop. 9,500 hab.

Viterbe, grande et belle ville, au pied d'une montagne.

Tivoli, ville médiocre, sur une montagne.

Frosinone, bourg, sur une montagne.

Rieti, *évêché*, sur le Vélino.

Spoleto, *capitale* de l'Ombrie, ville ancienne.

Foligno, *évêché*, au bord du Topino.

Perugia, sur le Tibre, *capitale* du Perougia.

Todi, sur une colline, près du Tibre.

Fermo, *archevêché*, près du golfe de Venise.

Ancône, *port*, sur le golfe de Venise : pop. 17,330 hab.

Urbino, *archevêché*, *capitale* du duché du même nom, sur une montagne.

Pezaro, *ville forte*, et épiscopale, sur une hauteur, avec un port sur le golfe de Venise.

Sinigaglia, ville épiscopale, et *port de mer*.

Ravenne, Comachio. La première, *ville ancienne*, qui a 14,000 hab. La seconde est située dans des marais salans.

Ferrare, grande et belle ville : pop. près de 24,000 habitants.

Bologne, l'une des plus belles villes de l'Italie; elle a 64,000 hab.

Forli, ville épiscopale : pop. 9 à 10,000 habitants.

Bénévent, est enclavé dans le royaume de Naples.

DUCHÉ DE MODÈNE.

D. Où est situé le duché de Modène ?

R. Il est à l'est du duché de Parme.

D. Quelles provinces renferme ce duché ?

R. Il renferme les duchés de *Modène* et de *Reggio*, celui de *Mirandole*, ainsi que la principauté de *Massa* et de *Carrara*.

D. Quelles sont les principales villes du duché de Modène ?

R. Modène, *capitale* de tout le duché, et *évêché*, située dans une plaine et sur un canal, entre le Panaro et la Secchia.

La Mirandole, au nord de Modène.

Reggio, *capitale* du duché de ce nom : pop. 14,000 hab.

ROYAUME LOMBARD-VÉNITIEN,

OU

ÉTATS ITALIENS DE L'EMPEREUR D'AUTRICHE.

D. En quoi consistent les possessions italiennes de l'empereur d'Autriche ?

R. Elles consistent, dans l'état de Venise, les duchés de Milan et de Mantoue.

État de Venise.

D. Qu'est-ce que l'état de Venise ?

R. Venise étoit la plus ancienne république de l'Europe. Elle fut cédée par le traité de Lunéville à l'empereur d'Autriche, fit depuis partie du royaume d'Italie, fondé par les français, et a été rendue à l'empereur d'Autriche, par l'acte du congrès de Vienne.

D. Quelles étoient les limites de l'état de Venise ?

R. Ces limites étoient, au nord, le Trentin et le Tyrol, qui appartiennent à l'empereur d'Autriche ; à l'orient, le golfe de Venise ; au midi, les duchés de Ferrare et de Mantoue; à l'occident, le Milanais, ou le duché de Milan.

D. Quelles sont les productions de l'état de Venise ?

R. Les blés, les pâturages et les fruits de toute espèce y abondent ; on y trouve des bois de construction et des eaux minérales.

D. Quelles en sont les principales villes ?

R. VENISE, *capitale*, une des plus peuplées et des plus marchandes de l'Europe : pop. 150,000 hab. On la surnomme *la Riche*. Elle est bâtie sur soixante-douze îles ou lagunes, qui communiquent les unes avec les autres, au moyen d'un grand nombre de ponts.

CHIOZZA, jolie ville épiscopale, qui est au milieu des eaux, comme Venise.

ADRIA, *ville ancienne*, et presque ruinée, sur le Tartaro.

VICENCE, *place forte*, ville grande et peuplée de 24,600 habitants.

SCHIO, BASSANO, ASIAGO, petites villes.

TREVISE, sur une petite rivière, *évêché* : pop. 10,000 habitants.

CONEGLIANO, CENEDA, PORDENONE, SPILENBERG, petites villes.

PADOUE, *ville ancienne*, *évêché*, *place forte*, sur la Brenta et le Bacciglione, patrie de Tite-Live, a 31,457 habitants.

ESTE, PIAVE, CAMPO-SAN-PIERO, petites villes,

dont la première a donné son nom à l'illustre maison de Modène.

Udine, *capitale* du Frioul, entre le Tagliamento et le Lizonzo.

Tolmezzo, Cividale, Gradisca, celle-ci *place forte*, sur le Lizonzo.

Bellune, petite ville épiscopale.

La Pieve de Cadore, Feltre, petites villes.

Brescia, *place forte;* elle a 34,000 habitants.

Crême, *place forte*, sur le *Serio*.

Véronne, *ville ancienne*, sur l'Adige; elle renferme 41,000 hab.

Duché de Milan.

D. Comment divise-t-on le duché de Milan ?

D. On divise le Duché de Milan en six parties : le Milanais propre, le Comasc, le comté d'Anghiéra, le Pavesan, le Lodesan, et le Crémonais.

D. Nommez les principales villes du duché de Milan.

R. Les principales villes sont :

Novare, *ville forte et ancienne*, peuplée de 7,258 habitants.

Vigevano, sur le Tésin; *évêché*.

Domo-Dossola, au pied des Alpes, sur un torrent.

Varallo, dans la vallée et sur la rivière de Sessia.

Arona, au bord du lac Majeur, avec un château où nâquit S. Charles-Borromée.

Côme, *ville ancienne*, et épiscopale, sur le lac de ce nom, et dans une plaine, entourée de montagnes; elle compte 7,230 hab.

Menaggio, Lecco, petites villes.

Fondrio, sur l'Adda; elle a, 5000 habitants.

Chiavenna, belle ville, sur la Maira.

Bormio, située au confluent de l'Adda et d'une autre rivière.

Milan, très belle ville, *capitale* de tout le duché : sa population est de 124,800 habit.

Bergame, *place forte*, a 19,000 habitants.

Pavie, *ville ancienne*, sur le Tésin, avec une célèbre université, fondée par Charlemagne.

Monza, avec un beau château, sur le Lambro.

Crémone, *ancienne*, *forte ville*, et *évêché* : popul. 23,000 habitants.

Lodi, sur l'Adda; célèbre par une victoire des Français en 1797.

Duché de Mantoue.

D. Qu'est-ce que le duché de Mantoue?

R. Le duché de Mantoue ou le Mantouan, est un pays situé au nord du Modénois, et fertile en blés, en pâturages, en fruits et en vins excellents.

D. Quelles en sont les principales villes?

Mantoue, *place forte*, située au milieu d'un lac que forme la rivière de *Mincio*. Elle a près de 30,000 habitants.

Revero, *ville forte*, sur le Pô.

Castiglione-delle-Stiviere, petite ville.

PARTIE MÉRIDIONALE.

Royaume de Naples.

D. Qu'est ce que le royaume de Naples?

R. Le royaume de Naples, situé à l'extrémité inférieure de l'Italie, est un pays que son extrême fertilité a fait nommer le *paradis de l'Italie.*

D. Quelles sont les bornes du royaume de Naples?

R. Ce royaume est borné au nord-ouest par l'Etat de l'Eglise, et de tous les autres côtés, par la mer.

D. Comment se divise le royaume de Naples?

R. On partage ce pays en quatre grandes provinces, dont chacune se subdivise en trois.

Les quatre premières sont :

1. La Terre de Labour, au sud.
2. L'Abruzze, } au nord, sur le golfe de Venise.
3. La Pouille, }
4. La Calabre, au sud-est.

D. Quelles sont les principales villes de la Terre de Labour?

R. NAPLES, *archevêché*, *port*, *capitale* de tout le royaume et de la Terre de Labour propre. Elle est surnommée la *Noble* et la *Gentille*.

CAPOUE, *archevêché*, *place forte*, à une demi-lieue de l'ancienne.

BÉNÉVENT, *archevêché* de la principauté ultérieure, aujourd'hui au pape.

CONZA, *archevêché*, sur l'Offanto, rivière.

SALERNE, *archevêché*, et ville considérable, sur le bord de la mer, au fond d'un golfe du même nom, avec le titre de principauté. Elle avoit autrefois une université, fameuse pour la médecine.

AMALFI, *ville ancienne*, chef-lieu d'une principauté, sur le golfe de Salerne, et d'un *archevêché*.

D. Qu'y a-t-il de remarquable auprès de Naples?

R. Le Mont-Vésuve, qui jette ordinairement une fumée fort épaisse, et quelquefois des flammes et des torrents de matières métalliques fondues et ardentes.

D. Quelles sont les principales villes de l'Abruzze?

R. MOLISE, dans le comté de Molise, qui fait partie de l'Abruzze.

CHIETTI, LANCIANO, } *archevêchés* dans l'Abruzze citérieure.

AQUILA, *évêché* dans l'Abruzze ultérieure.

D. Quelles sont les principales villes de la Pouille?

R. MANFREDONIA, *archevêché*, dans la Capitanate, qui est dans la Pouille.

TRANI, BARI, } *archevêchés*, dans la terre de Bari, aussi de la Pouille.

BRINDISI, OTRANTE, TARENTE, MATERA, } *archevêchés* dans la terre d'Otrante, qui est la troisième partie de la Pouille.

D. Quelles sont les villes principales de la Calabre?

R. CIRENZA, *archevêché*, dans la Basilicate, qui est de la Calabre.

ROSSANO, COSENZA, } *archevêchés* dans la Calabre citérieure.

SAN-SEVERINA, REGGIO, } *archevêchés* dans la Calabre ultérieure.

Des principales îles d'Italie.

D. Quelles sont les principales îles d'Italie ?

R. Elles sont au nombre de quatre, savoir:

1. La Sicile, qui se divise en trois parties ou vallées.
2. Malte, au midi de la Sicile.
3. La Sardaigne, qu'on partage en deux caps.
4. La Corse, au nord de celle de Sardaigne, et qui, comme il a été dit, forme un département de la France.

Isle de Sicile.

D. Où est située la Sicile et quelle en est sa forme?

R. La Sicile est située au sud-ouest du royaume de Naples, dont elle est séparée par un détroit, nommé détroit de *Messine.* Sa forme est triangulaire, et chaque angle est un cap.

D. Quelles sont les villes principales de la Sicile ?

R. MESSINE, *archevêché*, sur le phare de son nom, dans la Vallée de Démona, qui est une des trois parties de la Sicile.

SYRACUSE, *évêché*, NOTO, } dans la Vallée de Noto.

PALERME, *archevêché*, capitale de toute la Sicile. MONTRÉAL, *archevêché*, MAZARA, *évêché*, qui donne son nom à la vallée, } dans la Vallée de Mazara.

D. Qu'y a-t-il de remarquable dans la Sicile?

R. On remarque, au sud-ouest de Messine, le mont Gibel, autrefois mont Etna, beaucoup plus considérable que le mont Vésuve, et qui, comme lui, vomit des flammes.

Isle de Malte.

D. Qu'est-ce que l'île de Malte?

R. L'île de Malte est un rocher fortifié, et presque stérile, qui ne produit que quelques fruits. Elle est située au midi de la Sicile.

D. Quelle est la capitale de cette île?

R. MALTE, *évêché*. Cette île a appartenu aux chevaliers du même nom, appelés autrefois de Saint-Jean-de-Jérusalem, jusqu'en 1797. Elle est divisée en trois parties, 1°. la Cité-Valetté, 2°. la Cité-Victorieuse, 3°. l'île de Saint-Michel. Les Français s'en rendirent maîtres en 1798, et les Anglais en 1804. Ceux-ci la possèdent aujourd'hui en vertu des derniers traités.

Isle de Sardaigne.

D. Qu'est-ce que la Sardaigne?

R. La Sardaigne est une grande île, qui a le titre de royaume, et dont l'air est très mal-sain, le sol assez fertile, et le peuple fort grossier. Elle est à l'occident de l'Italie et au sud de la Corse, dont elle n'est séparée que par un détroit de trois lieues, nommé *Bonifacio*.

D. Quelles en sont les principales villes?

R. CAGLIARI, *archevêché*, *capitale* de l'île et de la partie nommée *cap de Cagliari*, et du royaume de Sardaigne.

ORISTAGNI, *archevêché*, dans une plaine, près de la mer.

SASSARI, *archevêché*, dans la partie du nord, nommée *Cap-Lugodori*.

Pour l'île de Corse, *voyez* France.

ARTICLE TROISIEME.

Isles Ioniennes.

D. Qu'est-ce que les îles ioniennes?

R. Ce sont sept îles de différentes grandeurs, situées le long des côtes dans la mer Ionienne.

D. Dites les noms de ces sept îles.

R. 1°. Corfou, près de l'entrée du golfe de Venise; 2°. Laxo, à quatre lieues de Corfou; 3°. Sainte-Maure, très voisine du continent; 4°. Theachi, au sud de Sainte-Maure; 5°. Céphalonie, la plus grande de ces îles, au sud de Theachi; 6°. Zante, séparée de Céphalonie par un canal de quatre lieues; 7°. Cérigo,

à une grande distance de Zante, au sud de la M
grande presqu'île qui appartient à la Turquie. Ce
îles forment aujourd'hui une république, sous la
tection de l'Angleterre, qui tient garnison à Cor

ARTICLE QUATRIÈME.

DE L'ESPAGNE.

D. Qu'est-ce que l'Espagne?

R. L'Espagne est un grand pays, borné au nor
par les Pyrénées, qui la séparent de la France, à
rient et au midi par la Méditerranée, à l'occident pa
Portugal, et au nord-ouest par l'Océan. L'air y
chaud, mais pur; le sol seroit fertile s'il étoit l
cultivé: l'Espagne produit des vins délicieux, de be
laines, de la soie et des chevaux.

D. Quel est le gouvernement de l'Espagne?

R. Le gouvernement est monarchique, et le
porte le titre de *catholique.*

D. Comment divise-t-on l'Espagne?

R. L'Espagne se divise en treize provinces, qui o
presque toutes le titre de royaume.

Trois au nord, sur l'Océan.

1. La Biscaye.
2. Les Asturies.
3. La Galice.

Une, au sud-est, aussi sur l'Océan.

L'Andalousie.

Quatre du sud au nord-ouest sur la Méditerranée.

1. Grenade.
2. Murcie.
3. Valence.
4. Catalogne.

Cinq au milieu.

1. Navarre.
2. Aragon.
3. Castille vieille.
4. Royaume de Léon.
5. Castille nouvelle.

D. Quels sont les principaux fleuves de l'Espagne ?

R. Les principaux fleuves sont du nord au sud :

Le Minho,
Le Douro,
Le Tage,
La Guadiana,
Le Guadalquivir, dans le golfe de Cadix, } qui se jettent dans l'Océan.

Et l'Ebre, qui se jette dans la Méditerranée.

Provinces du Nord.

D. Quelles sont les principales villes des provinces du nord ?

R Ce sont, pour la Biscaye :

BILBAO, *évêché*, *capitale* de la Biscaye, et de la Biscaye propre.

FONTARABIE, *capitale* du Guipuscoa, *place forte*.

VITTORIA, *capitale* de l'Alava.

Pour les Asturies :

OVIÉDO, *évêché*, *capitale* des Asturies.

SANTILLANA, *capitale* des Asturies de ce nom.

Pour la Gallice :

COMPOSTELLE, *archevêché*, *capitale* de la Galice.

MONDONEDO, *évêché*, au nord.

LUGO,
TUY,
ORENSÉ, } *évêchés* sur le Minho.

LA COROGNE,
LE FERROL, } *ports* au nord-ouest.

Provinces du sud, sur l'Océan.

D. Quelles sont les principales villes de l'Andalousie ?

R. SÉVILLE, *archevêché*, *capitale* de l'Andalousie,
CORDOUE, ville considérable, *évêché*,
ANDUXAR, avec un château,
BAEÇA, belle ville, sur une colline, } sur le Guadalquivir.

JAEN, *évêché*, au sud de Baeça.

CADIX, *évêché*, dans l'île de ce nom, au sud-ouest de cette province. Ville très commerçante, avec un *beau port*, sur l'Océan.

GIBRALTAR, *forteresse*, regardée comme imprenable, sur le détroit de ce nom, entre l'Océan et la mer Méditerranée; elle appartient aux Anglais.

Provinces du sud au nord-est.

D. Quelles sont les principales villes des provinces du sud au nord-est?

R. Ce sont, pour le royaume de Grenade :

GRENADE, *archevêché*, *capitale* du royaume de ce nom, fameuse par ses soies.

GUADIX, *évêché*,

ALMÉRIE, } *évêchés*, *ports* au sud sur la Méditer-
MALAGA, } ranée.

Pour le royaume de Murcie :

MURCIE, *capitale* du royaume de Murcie.

CARTHAGÈNE, *évêché*, *port*.

Pour le royaume de Valence :

VALENCE, *archevêché*, *capitale* du royaume de ce nom.

SEGORBE, *évêché*, au nord-ouest de Valence.

ALICANTE, *ville forte*, et *port* très fréquenté.

ORIHUELLA, *évêché*, au sud.

Pour la Catalogne :

BARCELONE, *évêché*, *port*, *capitale* de la Catalogne.

VICH, }
GIRONE, } *évêchés* près les Pyrénées.
URGEL, }

SOLSONE, *évêché*, au sud d'Urgel.

LÉRIDA, *évêché*, sur la Sègre.

TARRAGONE, *archevêché*, sur la Méditerranée,

TORTOSE, *évêché*, presqu'à l'embouchure de l'Ebre.

Provinces du milieu.

D. Quelles sont les principales villes des provinces du milieu?

R. Ce sont, pour la Navarre :

PAMPELUNE, *place forte*, *évêché*, *capitale* de la Navarre.

ESTELLA, sur l'Ega.

OLITE, sur le Cidaço.

SANGUESA, sur l'Aragon.

TUDELA, sur l'Ebre.

Pour l'Aragon :

SARAGOSSE, *archevêché*, sur l'Ebre, *capitale* du royaume d'Aragon.

ALBARASIN, TÉRUEL, } *évêchés* sur le Gualdalaviar, au sud-ouest de l'Aragon.

JACCA, *évêché*, au nord, sur l'Aragon.

TARAÇONA, *évêché*, à l'occident.

HUESCA, *évêché*, à l'orient de Taraçona.

Pour la Castille vieille :

BURGOS, *archevêché*, capitale de la Castille vieille.

VALLADOLID, *évêché*, à l'ouest.

OSMA, *évêché*, sur le Douro.

SIGUENÇA, *évêché*, au sud-est d'Osma.

SÉGOVIE, *évêché*, au sud, célèbre par ses laines.

AVILA, *évêché*, au sud-ouest de Ségovie.

Pour le royaume de Léon :

LÉON, *évêché*, *capitale* du royaume de ce nom.

ASTORGA, *place forte*,
PALENCIA, assez belle ville,
ZAMORA, sur le Douro,
SALAMANQUE, célèbre université,
CIUDAD-RODRIGO, *ville forte*,
} *évêchés* du nord au sud.

Et pour la Castille nouvelle :

MADRID, *capitale* de toute l'Espagne, et de la Castille nouvelle, et en particulier de l'Algarie ; résidence ordinaire du roi d'Espagne, sur le Mançanarès.

TOLÈDE, grande ville, *archevêché*, primat d'Espagne, sur le Tage, au midi de Madrid.

L'ESCURIAL, magnifique couvent et palais royal, au nord-ouest de Madrid.

CUENÇA, *évêché*, *capitale* de la Sierra.

CALATRAVA, *chef-lieu* d'un ordre de chevaliers, *capitale* de la Manche.

BADAJOZ, *évêché*, *capitale* de l'Estramadure, sur Guadiana.

D. Quelles sont les principales îles d'Espagne?

R. MAJORQUE, dont la capitale porte le même nom et est *évêché*.

MINORQUE; sa capitale est CITADELLA, et ses autres endroits remarquables sont:

PORT MAHON, LE FORT SAINT-PHILIPPE, } ci-devant aux Anglais, et pris par le maréchal de Richelieu, au mois de juin 1756.

IVIÇA, qui a un fort du même nom.

ARTICLE CINQUIÈME.

DU PORTUGAL.

D. Qu'est-ce que le Portugal?

R. Le Portugal est un royaume qui est borné au nord et à l'est par l'Espagne, au sud et à l'ouest par l'Océan. L'air y est pur, sain et tempéré, cependant plus chaud que froid. Le sol produit de bons vins et des fruits excellents.

D. Quels sont les principaux fleuves du Portugal?

R. Ce sont le Tage, dans le milieu; le Douro, au nord; et la Guadiana, au sud-ouest. Ces trois fleuves ont leur source en Espagne, dont ils parcourent une partie, avant d'entrer en Portugal.

D. Comment divise-t-on le Portugal?

R. On divise le Portugal en six provinces, qui sont du nord au sud.

1. Entre-Minho-e-Douro.
2. Tra-los-Montes.
3. Beïra.
4. Estramadure portugaise.
5. Alentéjo.
6. Algarve.

D. Quelles sont les villes principales de la province d'Entre-Minho-e-Douro.

R. BRAGUE, *ancienne* et grande ville, *archevêché*, *capitale*.

PORTO, *évêché*, à l'embouchure du Douro, *port*.

D. Quelles sont les villes principales de la province de Tra-los-Montes?

R. MIRANDA-DE-DOURO, *évêché*, *capitale*.

BRAGANCE, *duché*, dont la maison régnante porte le nom.

D. Quelles sont les villes principales de la province de Beïra?

R. COÏMBRE, *évêché*, *capitale*, *université*.

LA GUARDA,
LAMEGO, sur le Douro, } *évêchés*.
VISEU,

D. Quelles sont les villes principales de l'Estramadure portugaise?

R. LISBONNE, *archevêché*, *port*, à l'embouchure du Tage, *capitale* de tout le royaume et de l'Estramadure portugaise: pop. environ 200,000 hab.

LERIA, *évêché*.

D. Quelles sont les villes principales de l'Alentéjo?

R. EVORA, *archevêché*, *capitale*.

ELVAS, *place forte*, } *évêchés*.
PORTALÈGRE,

D. Quelles sont les villes principales de l'Algarve?

R. TAVIRA, *capitale*, sur le bord de la mer.

FARO, *évêché*, *port* et *place forte*.

ARTICLE SIXIÈME.

DE LA SUISSE.

D. Qu'est-ce que la Suisse?

R. C'est une confédération de plusieurs républiques, appelées cantons.

D. Quelles sont les bornes de la Suisse?

R. La Suisse est bornée au nord par le grand-duché de Bade et l'Alsace; à l'orient, par le lac de Constance, et les royaumes de Bavière et Lombard-Vénitien; au midi et à l'occident, par ce dernier, la Savoie et la France. Le pays est élevé et rempli de montagnes.

D. Quelles sont les principales rivières de la Suisse?

R. Le Rhin et le Rhône, dont on a déjà parlé, le Tésin, qui va en Italie et se jette dans le Pô, y prennent leur source, aussi bien que l'Aar, la Reuss et l'Inn.

D. Comment divise-t-on la Suisse?

R. On divisoit la Suisse en dix-neuf cantons; il en a été ajouté trois par l'acte du Congrès de Vienne, lesquels sont formés du Valais, du territoire de Genève, et de la principauté de Neufchâtel. Voici leurs noms par ordre alphabétique, ainsi que ceux des chefs-lieux.

	CANTONS.	CHEFS-LIEUX.
1.	APPENZEL,	*Appenzel.*
2.	ARGOVIE,	*Arau.*
3.	BALE,	*Bâle*, belle ville, sur le Rhin.
4.	BERNE,	*Berne*, belle ville, sur l'Aar.
5.	FRIBOURG,	*Fribourg*, ville bien peuplée.
6.	GLARIS,	*Glaris.*
7.	GRISONS,	*Coire.*
8.	LUCERNE,	*Lucerne.*
9.	SAINT-GALL,	*Saint-Gall.*
10.	SCHAFFHOUSE,	*Schaffhouse*, sur le Rhin.
11.	SCHWITZ,	*Schwitz.*
12.	SOLEURE,	*Soleure*, belle ville, sur l'Aar.
13.	TÉSIN,	*Bellinzona.*
14.	TURGOVIE,	*Frawenfeld.*
15.	UNDERWALD,	*Stantz.*
16.	URI,	*Altorff.*
17.	VAUD,	*Lausanne*, jolie ville, sur une hauteur.
18.	ZUG,	*Zug.*
19.	ZURICH,	*Zurich.*

Cantons ajoutés par l'acte du Congrès de Vienne.

20.	VALAIS,	*Sion.*
21.	GENÈVE,	*Genève*, belle ville, sur le lac de ce nom.
22.	NEUFCHATEL,	*Neufchâtel.*

D. Quelles sont les principales villes de la Suisse ?

R. ZURICH, BALE, BERNE, LUCERNE, FRIBOURG, SOLEURE, LAUSANNE, SCHAFFHOUSE et GENÈVE.

ARTICLE SEPTIÈME.

ROYAUME DES PAYS-BAS.

D. Qu'est-ce que le royaume des Pays-Bas ?

R. Le royaume des Pays-Bas est un nouveau royaume qui a été créé par le Congrès de Vienne, en 1815.

D. De quels pays est formé ce royaume ?

R. Il est formé d'une partie de la Belgique ou Pays-Bas autrichiens, et des Provinces-Unies ou Hollande.

D. Qu'entendez-vous par Pays-Bas ?

R. On comprend sous ce nom toute cette étendue de pays qui est entre la France, l'Allemagne et l'Océan.

D. Pourquoi les nomme-t-on ainsi ?

R. On les appelle Pays-Bas, parcequ'ils formoient autrefois la Basse-Allemagne, ainsi nommée de sa situation vers la mer.

D. Quelles sont les principales rivières des Pays-Bas ?

R. La Meuse, l'Escaut, la Sambre et le Rhin, qui s'y partage en plusieurs branches.

D. Quel est le cours de la Meuse ?

R. La Meuse, qui prend sa source en France, près de Meuse et de Montigny, département de la Haute-Marne, passe à Verdun, à Sedan, à Dinan, à Liége, à Maastricht, se réunit au Rhin, s'en sépare, s'y réunit une seconde fois, et se jette dans la mer au-dessous de Dordrecht.

D. Quel est le cours de l'Escaut ?

R. L'Escaut prend sa source en France, près du Catelet, département de l'Aisne, passe à Cambrai, à Valenciennes, à Tournay, à Oudenarde, reçoit la Lys à Gand, passe à Anvers, et se partage en deux branches, avant de se rendre dans la mer du Nord.

D. Quel est le cours de la Sambre ?

R. La Sambre a sa source en France, dans le département de l'Aisne, passe à Landrecies, à Maubeuge, à Charleroi, et se jette dans la Meuse à Namur.

D. Comment se divisent les Pays-Bas, ci-devant autrichiens, ou la Belgique?

R. Ils se divisent en huit provinces, savoir: au milieu, le duché de Brabant; à l'orient, le grand-duché de Luxembourg, le duché de Gueldre; à l'occident, le comté de Flandre; et ceux de Hainaut et de Namur, au midi.

D. Quelles sont les principales villes du duché de Brabant?

R. BRUXELLES, *capitale*, sur la *Senne*, grande et belle ville: pop. 72,280 hab.

NIVELLE, au midi de Bruxelles, jolie ville, située dans un pays agréable.

LOUVAIN, à l'orient de Bruxelles, sur la *Dyle*, grande ville, mal peuplée.

MALINES, sur la *Dyle*, *archevêché*, jolie ville, quoique ancienne.

ANVERS, *port*, sur l'*Escaut*, grande ville, *forte* et bien bâtie: pop. 59,000 habit.

D. Quelle est la principale ville du grand-duché de Luxembourg?

R. LUXEMBOURG, *capitale*, sur l'*Else*: c'est une des plus fortes villes de l'Europe: pop. 9,300 hab.

D. N'y a-t-il rien à remarquer sur le grand-duché de Luxembourg?

R. Conformément à l'acte du Congrès de Vienne, le grand-duché de Luxembourg fait partie de la Confédération Germanique, et le roi des Pays-Bas, qui ajoute à ses titres celui de grand-duc de Luxembourg, entre en cette qualité dans le système de cette Confédération.

D. Quelle est la principale ville du duché de Gueldre?

R. RUREMONDE, au confluent de la *Roër* et de la *Meuse*, ville riche, marchande et bien fortifiée.

D. Quelles sont les principales villes du comté de Flandres ?

R. GAND, *capitale, évêché*, ville riche, et plus grande que peuplée : pop. 57,000 hab.

TERMONDE, au confluent de la *Dendre* et de l'*Escaut.*

OUDENARDE, sur l'*Escaut*, *ville forte* et riche.

COURTRAI, sur la *Lys.*

BRUGES, grande ville, à l'ouest de Gand ; popul. 33,000 habit.

OSTENDE, *port* et *ville très forte.*

YPRES, grande et belle ville, sur l'*Yperle.*

FURNES, *place forte.*

TOURNAI, *place forte.*

D. Quelle est la principale ville du comté de Hainaut ?

R. MONS, *capitale, place forte* : pop. 19,000 hab.

D. Quelles sont les principales villes du comté de Namur ?

R. NAMUR, *capitale, place forte*, au confluent de la *Sambre* et de la *Meuse.*

CHARLEROY, *ville forte*, sur la *Sambre.*

D. Qu'est-ce que la Hollande ou les Provinces-Unies ?

R. Un pays qui fait partie du nouveau royaume des Pays-Bas, et qui est borné à l'orient par l'Allemagne ; au midi, par le Brabant ; à l'occident et au nord, par l'Océan.

D. Comment divise-t-on les Provinces-Unies ?

R. En sept provinces, et le pays de la Généralité : savoir : la Gueldre hollandaise ou septentrionale, au sud-est ; la Hollande, proprement dite, à l'occident ; la Zélande, au sud-ouest ; la province d'Utrecht, au milieu ; la Frise, au nord ; l'Overyssel, et la province de Groningue, au nord-ouest ; le pays de la Généralité est au sud.

D. Quelles sont les principales villes de la Gueldre hollandaise ou septentrionale ?

R. NIMÈGUE, *capitale*, sur le *Vahal*, bras du Rhin, *ville forte* et marchande.

ARNHEIM, *ville fortifiée.*

ZUTPHEN, sur l'*Yssel*, autre bras du Rhin, *ville ancienne et forte.*

D. Quelles sont les principales villes de Provinces-Unies?

R. AMSTERDAM, *port*, la plus grande ville des ci-devant Provinces-Unies, et *capitale* du royaume des Pays-Bas : pop. 210,000 habitants.

ALKMAER, la plus ancienne ville de la Hollande.

HARLEM, sur le lac du même nom.

LEYDE, sur le *Rhin*, fameuse par son *université.*

LA HAYE; comme ce lieu n'a pas de murailles, il peut passer pour un bourg ou pour un village; mais c'est le plus beau qui soit au monde: il a 42,000 hab.

ROTTERDAM, *port*, sur la *Meuse*, près de l'embouchure de ce fleuve.

DORDRECHT, sur la *Meuse*, au midi.

GORCUM, *ville forte*, sur la *Meuse*, à l'orient de Dordrecht.

BRIEL, *port*, dans l'île de *Vorn.*

D. Quelles sont les principales villes de la Zélande?

R. MIDDELBOURG, *capitale*, dans l'île de Valcheren, ville belle et très marchande, pop. 7,000 hab.

FLESSINGUE, *port*, à l'embouchure de l'Escaut.

GOÈS, *ville forte* et riche.

ZIERICKZÉE, petite ville, avec un bon *port*, dans l'île de Schowen.

D. Quelles sont les principales villes de la province d'Utrecht?

R. UTRECHT, *capitale*, sur le *Rhin*, belle ville, et célèbre par le traité de ce nom.

AMERSFOORT, sur l'*Ems*, au nord-est d'Utrecht.

D. Quelle est la principale ville de la Frise?

R. LEUWARDEN, *capitale*, au nord : popul. 15,000 habitants.

FRANEKER, belle ville, sur un canal, à deux lieues du Zuiderzée.

D. Nommez les principales villes de la province d'Overyssel.

ALLEMAGNE

MER BALTIQUE

MER DU NORD

HONGRIE

R. DEVENTER, *capitale*, sur l'*Yssel*, *ville forte* et bien bâtie.

ZWOLLE, *place forte.*

D. Quelle est la principale ville de la province de Groningue ?

R. GRONINGUE, *capitale, ville forte*, et peuplée de 33,000 habitants.

D. Quelles sont les principales villes du pays de la Généralité ou pays Conquis ?

R. BREDA, *ville forte* et marchande.

BOIS-LE-DUC, sur le *Dommel.*

MAESTRICHT, *ville forte*, sur la *Meuse.*

D. Les pays qui composent les Pays-Bas n'ont-ils pas fait, pendant quelque temps, partie de la France ?

R. Oui, les Pays-Bas autrichiens ont fait pendant vingt ans partie de la France ; et la Hollande, gouvernée anciennement par un Stathouder, ou capitaine général, après avoir changé plusieurs fois de constitutions, avoit été réunie à la France en 1810, et en a été détachée par le traité de Paris, du 31 mai 1814.

ARTICLE HUITIEME.

DE L'ALLEMAGNE

OU

DE LA CONFÉDÉRATION GERMANIQUE.

D. Qu'est-ce que l'Allemagne ?

R. L'Allemagne étoit un vaste Etat, composé d'un grand nombre de souverainetés ecclésiastiques et séculières, de plusieurs villes impériales, dont quelques-unes se nommoient anséatiques.

D. Quel titre portoit le chef de l'Allemagne ?

R. Il portoit le titre d'empereur.

D. Cette dignité étoit-elle héréditaire ?

R. Non : l'Empereur d'Allemagne étoit élu par neuf princes, trois ecclésiastiques et six séculiers, qu'on appeloit électeurs.

D. Quels étoient les trois électeurs ecclésiastiques?

R. C'étoient les archevêques de Mayence, de Cologne et de Trèves.

D. Quels étoient les six autres électeurs?

R. Le roi de Bohême, le duc de Bavière, le comte Palatin, le duc de Saxe, le marquis de Brandebourg et le duc d'Hanovre.

D. Qu'entendez-vous par villes impériales?

R. On appeloit ainsi des villes libres, qui ne dépendoient que de l'Empire. Il y en avoit anciennement cinquante-une en Allemagne; mais il y a quelques années on en avoit supprimé la plus grande partie; et il n'en restoit plus que six, lorsque l'empire d'Allemagne fut détruit en 1806, savoir : Augsbourg, Nuremberg, Francfort, Brême, Hambourg et Lubeck. Ces trois dernières étoient aussi anséatiques.

D. Qu'entendez-vous par villes anséatiques?

R. On nommoit ainsi des villes libres qui s'étoient unies ensemble pour soutenir leur commerce : il y en avoit six; cinq en Allemagne, les trois qui viennent d'être nommées, Cologne et Rostock, et une en Pologne, Dantzick.

D. Comment divisoit-on l'Allemagne?

R. L'Allemagne étoit divisée en neuf cercles ou grandes provinces, qui comprenoient chacune plusieurs Etats, dont les chefs s'assembloient pour leurs affaires communes Il y avoit quatre cercles dans la haute Allemagne, au midi, et cinq dans la basse, au nord.

D. Quels étoient les quatre cercles de la haute Allemagne?

R. C'étoient, d'orient en occident, ceux d'Autriche, de Bavière, de Souabe, et au nord de ces deux derniers, celui de Franconie.

D. Quels étoient les cinq cercles de la basse Allemagne?

R. C'étoient, le long de l'Océan et de la mer Baltique, ceux de haute Saxe, de basse Saxe, et de Westphalie, et au sud de ce dernier ceux du haut Rhin, et du bas Rhin ou cercle électoral.

1. *D.* Où étoit situé le cercle d'Autriche ?

R. Ce cercle, à l'orient et au midi de l'Allemagne, étoit borné au nord par la Bohême et la Moravie, à l'orient par la Hongrie, au midi par la seigneurie de Venise, et à l'occident par la Bavière et le pays des Grisons.

D. Combien renfermoit-il de pays?

R. Le cercle d'Autriche renfermoit cinq pays : quatre du nord au sud, l'archiduché d'Autriche (aujourd'hui à l'Autriche), les duchés de Styrie, de Carinthie et de Carniole (à l'Autriche); le cinquième étoit le comté de Tyrol (à l'Autriche).

2. *D.* Quelles étoient les limites du cercle de Bavière ?

R. Ce cercle étoit borné au nord par la Franconie et la Bohême, à l'orient et au midi par le cercle d'Autriche, et à l'occident par la Souabe.

D. Combien renfermoit-il d'Etats principaux?

R. Le cercle de Bavière renfermoit le duché de Bavière au midi du Danube, le Palatinat de Bavière au nord, le duché de Neubourg, l'évêché de Freysingen, au milieu du duché de Bavière; l'évêché de Ratisbonne, l'évêché de Passaw, l'un et l'autre le long du Danube (au royaume de Bavière), l'archevêché de Salzbourg (à l'Autriche).

3. *D.* Quelles étoient les limites du cercle de Souabe ?

R. Cette province étoit bornée au nord par le cercle électoral du Rhin et la Franconie, à l'orient par la Bavière, au midi par la Suisse, et à l'occident par le Rhin, qui la séparoit de l'Alsace ou de la France.

D. Quels étoient les principaux Etats de ce cercle?

R. Ce cercle avoit trente-une villes impériales, et grand nombre d'Etats ecclésiastiques et séculiers. Les principaux étoient au nombre de six : 1°. le duché de Wurtemberg, au nord (au roi de Wurtemberg); 2°. la principauté et comté de Furstemberg (au grand-duc de Bade), à l'ouest et au sud du duché de Wurtemberg; 3°. le marquisat de Bade (au grand-duc de Bade); 4°. l'évêché d'Augsbourg, à l'orient (au roi de Bavière); 5°. l'Abbaye de Kempten, au sud-est (au roi de Bavière) ; 6°. l'évêché de Constance, au midi (au grand-duc de Bade).

4. *D*. Quelles étoient les limites du cercle de Franconie ?

R. Ce cercle, situé au milieu de l'Allemagne, étoit borné au midi par la Souabe, à l'orient par la Bavière et la Bohême, au nord par le cercle de Haute-Saxe, et à l'occident par celui du Haut-Rhin.

D. Quels étoient les principaux Etats du cercle de Franconie ?

R. Les principaux Etats de ce cercle étoient les évêchés de Bamberg (au royaume de Bavière), et de Wurtzbourg au milieu (au roi de Bavière); l'évêché d'Aichstæt au sud-est (au roi de Bavière) ; le marquisat d'Anspach et de Culembach, au midi et au nord-est (au royaume de Bavière); les possessions des princes de Saxe-Gotha, de Saxe-Cobourg, et de Saxe-Hildbourghausen.

D. Combien y avoit-il de villes impériales dans ce cercle ?

R. Il y avoit en Franconie cinq villes impériales et libres.

5. *D*. Comment divisoit-on le cercle de Haute-Saxe ?

R. Ce cercle se divisoit en trois parties principales : 1°. la Saxe (partie au roi de Saxe, partie au roi de Prusse) ; 2° l'électorat de Brandebourg (au roi de Prusse); 3° le duché de Poméranie (au roi de Prusse).

Il n'y avoit que deux villes impériales, Mulhausen et Northausen vers l'occident.

6 *D*. Combien le cercle de Basse-Saxe comprenoit-il de parties ?

R. Ce cercle comprenoit huit principales parties : 1°. le duché de Brunswick; 2°. l'évêché de Hildesheim; 3°. la principauté de Halberstatd ; 4°. le duché de Magdebourg; 5°. les Etats de Brunswick-Hanover, ou de l'électeur d'Hanovre, (partie au roi de Prusse, partie à celui de Hanovre) ; 6° le duché de Mecklenbourg (au duc de Mecklenbourg) ; 7°. le duché de Holstein (au roi de Danemarck) ; 8°. l'évêché de Lubeck (au duc de Holstein-Oldembourg).

D. Combien y avoit-il dans ce cercle de villes impériales ?

R. Il n'y en avoit que quatre, savoir : Goslar (au roi de Prusse), Brême, Hambourg et Lubeck, villes libres.

7. *D*. Quelles étoient les limites du cercle de Westphalie ?

R. Ce cercle avoit au nord, l'Océan ; à l'orient, la Basse-Saxe ; au midi, le cercle du Haut-Rhin ; à l'occident, les Pays-Bas, ou Provinces-Unies.

D. Combien renfermoit-il d'Etats principaux ?

R. Il renfermoit treize Etats principaux, savoir : 1°. l'évêché de Liège (au roi des Pays-Bas) ; 2°. le duché de Juliers ; 3°. le duché de Berg, à l'orient (au roi de Prusse) ; 4°. le duché de Westphalie ou le Saureland, au nord-est de celui de Berg (au grand-duc de Hesse-Darmstadt) ; 5°. le duché de Clèves et le comté de la Marck, (au roi de Prusse) ; 6°. l'évêché de Munster ; 7°. l'évêché de Paderborn ; 8°. l'évêché d'Osnabruck ; 9°. la principauté de Minden et le comté de Ravensberg (au roi de Prusse) ; 10°. le comté d'Hoye ; 11°. le duché de Ferden au nord-est du même évêché (au roi de Hanovre) ; 12°. le comté d'Oldembourg, et 13°. la principauté d'Oost-Frise (au roi de Hanovre).

D. Combien y avoit-il de villes impériales dans ce cercle ?

R. Il y avoit en Westphalie deux villes libres et impériales : Aix-la-Chapelle dans le duché de Juliers, et Dortmund dans le comté de la Marck.

8. *D*. Quels étoient les principaux Etats du cercle du Bas-Rhin ?

R. Ce cercle qui coupoit celui du Haut-Rhin, se nommoit aussi *Cercle Electoral*, parcequ'il comprenoit quatre électorats, savoir : 1°. Mayence, 2°. Trèves, 3°. Cologne ; 4°. le Palatinat du Rhin.

Il renfermoit encore une ville impériale, qui étoit Cologne, et quelques petits Etats peu considérables.

9. *D*. Quels étoient les principaux Etats renfermés dans le cercle du Haut-Rhin.

R. Ce cercle renfermoit huit principaux Etats, savoir : 1°. l'évêché de Worms, et 2°. celui de Spire partie au grand-duc de Bade, partie au roi de Bavière); 3°. l'évêché de Bâle, (partie à la Suisse, partie au grand-duché de Bade); 4°. le duché de Deux-Ponts; 5°. le duché de Simmeren; 6°. le landgraviat de Hesse (à l'électeur de Hesse-Cassel), et le landgraviat de Darmstadt (au grand-duc de Hesse-Darmstadt); 7°. le comté de Nassau (au prince de Nassau); 8°. la principauté de l'abbaye et évêché de Fulde (à l'électeur de Hesse-Cassel.

D. La constitution de l'Allemagne n'a-t-elle pas éprouvé des changements dans ces dernières années ?

R. Oui; dès le commencement de la révolution française, plusieurs villes et portions de territoire avoient été détachées de l'Allemagne, et réunies à la France. En 1806, l'empire d'Allemagne s'écroula entièrement, et de ses débris, il se forma une confédération des Princes allemands, sous le titre de Confédération du Rhin : elle fut dissoute en 1814, et le Congrès de Vienne la remplaça, en 1815, par une autre qui porte le nom de Confédération Germanique.

D. Quelques princes d'Allemagne n'avoient-ils pas aussi changé de titres ?

R. Oui; les électeurs de Saxe et de Bavière, et le duc de Wurtemberg ont pris, lorsque la Confédération du Rhin s'est formée, le titre de Roi, qu'ils ont conservé; et d'autres, celui de Grand-Duc, etc. Un nouveau royaume, qui n'existe plus, s'étoit formé d'une partie du cercle de Westphalie et du Hanovre, sous le nom de royaume de Westphalie.

D. Quels états composoient la confédération du Rhin ?

R. Le duché de Berg, le duché de Mecklembourg, le royaume de Westphalie, le royaume de Saxe, le grand-duché de Varsovie, qui a passé, avec le titre de royaume, sous la domination de l'empereur de Russie; le royaume de Bavière, le royaume de Wurtemberg, le grand-duché de Bade, le grand-duché de Hesse-Darmstadt, le duché de Nassau, le grand-duché de

Francfort, le grand-duché de Wurtzbourg, et plusieurs autres principautés d'Allemagne.

D. Quels sont les principaux états qui composent la Confédération Germanique ?

R. L'Autriche et la Prusse, pour leurs états d'Allemagne; le roi de Dannemark, pour le Holstein ; le roi des Pays-Bas, pour le grand-duché de Luxembourg ; le roi d'Angleterre, en qualité de roi d'Hanovre ; les rois de Bavière, de Saxe, de Wurtemberg ; le grand-duc de Bade; la Hesse-Electorale ; le grand-duc de Hesse-Darmstadt ; les villes libres de Lubeck, Francfort, Brême et Hambourg.

D. Quel est le but de la Confédération Germanique ?

R. De maintenir la sûreté extérieure et intérieure de l'Allemagne, l'indépendance et l'inviolabilité des Etats confédérés.

D. Comment se règlent les affaires de la Confédération ?

R. Dans une diète qui siége à Francfort, et qui est présidée par l'Autriche ?

D. Quelles sont les principales rivières qui traversent l'Allemagne ?

R. 1°. L'Elbe, qui prend sa source en Bohême, traverse le royaume de Saxe, une partie de celui de Prusse, et se jette dans la mer du Nord ; 2°. le Weser, qui se jette dans la même mer; 3°. le Danube, qui prend sa source près de la forêt Noire, passe à Ulm, traverse le royaume de Bavière, l'empire d'Autriche, la Turquie d'Europe, et se jette dans la Mer Noire; le Rhin, qui prend sa source en Suisse, sépare l'Allemagne de la France, et entre en Hollande, où il perd son nom, doit être aussi considéré comme un fleuve d'Allemagne.

D. Quelles sont les principales villes de l'Allemagne ?

R. Dusseldorf, *capitale* du duché de Berg, (au roi de Prusse.)

Cassel, jolie ville, (à l'électeur de Hesse.)

Magdebourg, *place forte*, (au roi de Prusse.)

Hanovre, *place forte*, *capitale* du royaume d'Hanovre.

DRESDE, belle ville, *capitale* du royaume de Saxe; LEIPSICK, (au roi de Saxe.)

MUNICH, *capitale* du royaume de Bavière; RATISBONNE, *archevêché*, (au roi de Bavière.)

SALTZBOURG, *archevêché*, INSPRUCK, (à l'Autriche.)

STUTGARD, *capitale* du royaume de Wurtemberg; ULM, *place forte*, (au roi de Wurtemberg.)

CARLSRUHE, *capitale*; BADE, MANHEIM, (au grand-duc de Bade.)

FRANCFORT, sur le *Mein*, ville libre, siége de la diète de la Confédération Germanique.

VIENNE, sur le Danube, *capitale* de l'Autriche et de toute la monarchie Autrichienne; GRATZ, *capitale* du duché de Styrie; LAYBACH, *capitale* du duché de Carniole; CLAGENFURT, *capitale* de la Carinthie; TRIESTE, *capitale* de l'Istrie; TRENTE, (à l'empereur d'Autriche.)

BERLIN, *capitale* du Brandebourg et de toute la monarchie Prussienne; FRANCFORT, sur l'*Oder*; BRANDEBOURG, STETTIN, *capitale* de la Poméranie prussienne; STRALSUND, *capitale* de la ci-devant Poméranie Suédoise, (à la Prusse).

GLUCKSTADT, *port*, principale ville du Holstein; KIEL, (au roi de Danemarck.)

ARTICLE NEUVIÈME.

EMPIRE D'AUTRICHE.

D. Quels sont les autres Etats de l'empereur d'Autriche?

R. Ces Etats, outre le royaume Lombard-Vénitien et l'Autriche, sont, le royaume de Bohême, le marquisat de Moravie, la Silésie autrichienne, le royaume de Hongrie, l'Esclavonie, la Transylvanie, la Gallicie orientale.

Royaume de Bohême.

D. Où est situé le royaume de Bohême?

R. Au nord de l'archiduché d'Autriche.

D. Quelle est la capitale de ce royaume ?

R. PRAGUE, sur la Muldaw, *archevêché, université:* elle a 80,000 habitants.

Marquisat de Moravie.

D. Où est situé ce marquisat ?

R. A l'est du royaume de Bohême.

D. Quelle en est la capitale ?

R. OLMUTZ, sur la Morave, *évêché :* elle renferme 11,000 habitants.

Silésie autrichienne.

D. Où est située cette province ?

R. Elle est au nord-est de la Moravie.

D. Quelle en est la ville principale ?

R. JEGERSDORF, jolie ville, sur l'Oppa.

Royaume de Hongrie.

D. Qu'est-ce que le royaume de Hongrie ?

R. C'est un Etat assez étendu qui occupe presque le centre de la monarchie autrichienne. Il est borné à l'occident par la Styrie, l'Autriche et la Moravie ; au nord par la Silésie et la Gallicie ; à l'orient et au midi par la Turquie d'Europe.

D. Comment divise-t-on le royaume de Hongrie ?

R. On le divise en trois parties ; 1°. la Hongrie occidentale ; 2°. la Hongrie orientale ; 3°. le Bannat de Temeswar.

D. Quelles sont les principales villes de la Hongrie ?

R. PRESBOURG, sur le Danube, *capitale* de la Hongrie occidentale. Cette ville qui est située sur les frontières de l'Autriche, a 27,000 hab. Elle fut prise par les Français en 1805 et en 1809.

TOKAI, fameuse pour ses vins.

AGRIA, *place forte.*

BUDE, sur le Danube, *capitale* de la Hongrie orientale, et de tout le royaume.

GRAN ou STRIGONIE, sur le Danube, *archevêché.*

TEMESWAR, *capitale* du Bannat de ce nom, *place forte.*

Esclavonie.

D. Où est située l'Esclavonie ?
R. Au sud-ouest de la Hongrie.
D. Quelles sont les villes principales de l'Esclavonie ?
R. AGRAM, sur la Save.
PETERWARADIN, *place forte*, près du Danube.

Transylvanie.

D. Où est située la Transylvanie ?
R. Au sud-est de la Hongrie.
D. Quelle est la capitale de ce pays ?
R. HERMANSTADT, *place forte*. On y compte 15,000 h.

Gallicie orientale.

D. Où est située cette province ?
R. Au nord-est de la Hongrie, dont elle est séparée par les monts Krapacks.
D. Quelle est la capitale de la Gallicie orientale,
R. LÉOPOLD ou LEMBERG, *archevêché*, grande ville peuplée de 20,000 ames. Cette province a été détachée de la Pologne.

ARTICLE DIXIÈME.

ROYAUME DE PRUSSE.

D. Quelles sont les principales possessions du royaume de Prusse ?
R. La Prusse proprement dite, qui donne son nom à la monarchie ; la Silésie prussienne ; les deux Poméranies ; le grand-duché de Posen ; la Basse-Lusace, et le grand-duché du Bas-Rhin.
D. Quelles sont les principales rivières du royaume de Prusse ?
R. 1°. L'Oder, qui prend sa source à l'extrémité de la Silésie, traverse cette province dans toute sa longueur, puis le Brandebourg et la Poméranie, et va se jeter dans la mer Baltique ; 2°. la Vistule, qui prend sa

source en Silésie, traverse la Prusse et la Pologne, et se jette dans la mer Baltique; l'Elbe doit être aussi considéré comme un fleuve de la Prusse.

Prusse.

D. Qu'est-ce que la Prusse?

R. Un royaume d'une médiocre étendue, et qui est situé à l'est de la Poméranie.

D. Comment divise-t-on la Prusse?

R. En deux parties : la Prusse orientale et la Prusse occidentale.

D. Quelles sont les principales villes de la Prusse orientale?

R. KOENIGSBERG, *capitale* de la province et de tout le royaume, *port, université,* un peu au-dessus de l'embouchure du Prégel; c'est une grande et belle ville, où l'on compte 52,000 ames.

PILLAU, sur la mer Baltique, *port et place forte.*

MEMEL, sur la même mer, *port et place forte.*

D. Quelles sont les principales villes de la Prusse occidentale?

R. MARIENBOURG, *place forte.*

ELBING, au nord, *place forte,* ville commerçante.

DANTZICK, sur la Vistule, *place forte, port.* Cette ville, qui est une des principales de l'Europe par son commerce, et qui compte 36,000 habitants, appartient au roi de Prusse, en vertu de l'acte du Congrès de Vienne.

Silésie prussienne.

D. Qu'est-ce que la Silésie?

R. Un duché d'une grande étendue, qui est situé à l'est des royaumes de Saxe et de Bohême.

D. Comment se divise la Silésie?

R. En Silésie prussienne et Silésie autrichienne. La première, qui est incomparablement la plus grande, est située au nord-ouest de l'autre.

D. Quelles sont les principales villes de la Silésie prussienne?

R. Breslaw, sur l'Oder, *capitale* de toute la Silésie, *évêché*, *place forte*. Cette ville renferme 66,000 hab.

Glogaw, sur l'Oder, *place forte*.

Schweidnitz, *place forte*.

Glatz, Oppelen et Ratibor, *places fortes*.

Les Deux Poméranies.

D. Quelle est la situation de ces deux provinces?

R. Elles sont situées près de la mer Baltique, et séparées l'une de l'autre par l'Oder.

D. Par quelles dénominations sont-elles distinguées l'une de l'autre?

R. Celle qui est située sur la rive gauche de l'Oder, se nomme Poméranie suédoise; l'autre, Poméranie prussienne.

D. Quelles en sont les villes capitales?

R. Stralsund, *ville forte*, l'est de la première; et Stettin, aussi *ville forte*, l'est de la seconde.

Le grand duché de Posen.

D. De quel pays est formé ce grand duché, et quel en est la capitale?

R. Il est formé d'une bonne partie de la Grande-Pologne, proprement dite.

Posna, *évêché*, en est la capitale.

Basse-Lusace.

D. A quel prince appartenoit la Basse-Lusace, avant d'être réunie à la Prusse, par le congrès de Vienne?

R. Elle appartenoit presque toute entière au roi de Saxe.

D. Quelles en sont les principales villes?

R. Luben, sur la Sprée.

Guben, sur la Neiss.

Cotbuss, sur la Sprée.

Grand duché du Bas-Rhin.

D. Quels pays comprend ce grand duché?

R. Il comprend plusieurs pays situés sur les deux rives du Rhin, avant l'entrée de ce fleuve en Hollande.

D. Quelles en sont les principales villes ?

R. JULIERS, *ville forte*, sur la Roër.

AIX-LA-CHAPELLE, autrefois ville impériale.

DUSSELDORF, ville considérable et *forte*.

CLÈVES, *capitale* de l'ancien duché de ce nom.

WESEL, grande ville, et *place forte*, sur le Rhin.

COBLENTZ, au confluent du Rhin et de la Moselle.

ARTICLE ONZIEME.

DES ISLES BRITANNIQUES.

D. En quoi consistent les îles Britanniques ?

R. Les îles Britanniques consistent en deux grandes îles et plusieurs petites.

Les deux grandes sont :

1. La Grande-Bretagne, qui comprend le royaume d'Angleterre et celui d'Ecosse.

2. L'Irlande, qui est aussi un royaume.

Ces trois royaumes appartiennent au meme roi, qui porte le titre de *Roi de la Grande-Bretagne*.

D. Où sont situées les Isles Britanniques ?

R. Elles sont situées au nord de la partie occidentale de la France.

§. Ier.

De l'Angleterre.

D. Qu'est-ce que l'Angleterre ?

R. Un des trois royaumes formés par les Isles Britanniques.

D. Quelles sont les bornes de l'Angleterre ?

R. Ses bornes sont au nord, l'Ecosse ; à l'est, la mer du Nord ; au sud, le Pas-de-Calais et la Manche, qui la séparent de la France ; à l'ouest, le détroit qui la sépare de l'Irlande.

D. Quelles sont les productions de l'Angleterre ?

R. Ce pays ne produit point de vin, non plus que

tous les autres du nord ; mais il est très fertile en blé, et nourrit beaucoup de bestiaux, dont la laine est très estimée.

D. Quelles sont les principales rivières de ce royaume?

R. Ses principales rivières sont :

La Tamise, } à l'orient.
L'Humbert, }

La Saverne, à l'occident.

D. Comment divise-t-on ce Royaume?

R. Il se divise en Angleterre à l'orient, et principauté de Galles à l'occident.

La première, contient quarante comtés, et la seconde, douze, qui portent presque tous le même nom que leur capitale.

D. Quelles sont les villes principales de l'Angleterre?

R. Les villes principales de l'Angleterre sont :

Yorck, *archevêché*, sur l'Ouse, *capitale* du comté d'Yorck, la deuxième ville d'Angleterre, au nord-est.

Lancastre, à l'occident d'Yorck, *capitale* du comté de Lancastre.

Bristol, *évêché*, vers l'embouchure de la Saverne, la troisième ville d'Angleterre : 68,645 habitants.

Oxfort, sur la Tamise, *évêché*, *université* célèbre, *capitale* du comté d'Oxfort.

Londres, *évêché*, *capitale* de tout le royaume et du comté de Middlesex, sur la Tamise, *port* célèbre : 864,845 habitants.

Cambridge, *évêché*, *université*, *capitale* du duché de Cambridge, au nord de Londres.

Cantorbéry, au sud-ouest de Londres, *archevêché*, primat du royaume, *capitale* du comté de Kent.

Douvres, *port* vis-à-vis Calais.

D. Quelles sont les principales villes de la principauté de Galles?

R. Carnarvan, au nord-ouest.

Cardigan, au sud-ouest, vers le canal Saint-Georges, qui sépare cette principauté de l'Irlande.

D. Quelles sont les principales îles qui dépendent de l'Angleterre?

R. L'île de Man, au nord-ouest, *capitale* Douglas.

L'île de Wicht, au midi, *capitale* Nieuport.

Les îles de Guernesey et de Jersey, sur les côtes de France, *capitales* Saint Pierre, Saint-Hélier.

§. II.

De l'Écosse.

D. Qu'est-ce que l'Ecosse?

R. Un des trois royaumes formés par les Isles Britanniques.

D. Où est située l'Écosse?

R. Ce royaume est situé au nord de l'Angleterre : il est plus froid et moins fertile que ce dernier.

D. Quelles sont les rivières les plus considérables de l'Ecosse?

R. Le Tay, qui la traverse d'occident en orient, et la divise en Ecosse septentrionale et Ecosse méridionale.

La Spey, qui se jette dans la mer, au nord-est.

La Clyde, à l'ouest.

La Nith, au sud.

D. Quelles sont les principales villes de l'Écosse septentrionale?

R. OLD-ABERDIN, *évêché*, *université*, sur la côte orientale.

NEW-ABERDIN, *port*, *capitale* de la province de Marr, sur la côte orientale.

D. Quelles sont les principales villes de l'Écosse méridionale?

R. SAINT-ANDRÉ, *archevêché*, *université*, *capitale* de la province de Fife.

EDIMBOURG, *évêché*, *université*, *capitale* de toute l'Écosse et du Lothian.

GLASCOW, *archevêché*, sur la Clyde, *capitale* de la province de Clydesdale.

D. Quelles sont les principales îles de l'Écosse?

R. L'île d'Arran, à l'occident, *capitale* Brodwich.

L'île de Lewis, une des Hébrides, *capitale* Sovardel

L'île d'Eust, la deuxième des Hébrides.

L'île de Mainland, la principale des Orcades, au nord de l'Ecosse, *capitale* Kirkwal.

§. III.

De l'Irlande.

D. Qu'est-ce que l'Irlande?

R. L'une des deux grandes îles Britanniques, et l'un des trois royaumes.

D. Où est située l'Irlande?

R. A l'occident de la Grande-Bretagne.

D. Quelles sont les productions du royaume d'Irlande?

R. On y recueille du blé, du miel; le gibier et le poisson y sont communs; le sol est très abondant en pâturages.

D. Comment divise-t-on l'Irlande?

R. En quatre parties, suivant les quatre points cardinaux.

1. L'Uster, ou Ultonie, au nord, qui renferme dix comtés.

2. Le Leinster, ou Lagénie, à l'est, qui a onze comtés.

3. Le Munster, ou Momonie, au sud, six comtés.

4. Le Connaught, ou Connacie, à l'ouest, cinq comtés.

D. Quelles sont les principales rivières de l'Irlande?

R. La Banne, qui se jette dans l'Océan, au nord.

La Boyne, qui se jette dans l'Océan, à l'est,

Le Blackwater, au sud.

Le Shannon, à l'ouest.

D. Quelle est la principale ville de l'Ultonie?

R. Armagh, *archevêché*, *capitale* du comté d'Armagh

D. Quelle est la principale ville de la Lagénie.

R. Dublin, *archevêché*, *université*, *capitale* de tout

ce royaume, et en particulier du comté de Dublin, résidence du vice-roi.

D. Quelle est la principale ville de la Momonie?

R. CASHEL, ou CASSEL, *archevêché*, *capitale* du comté de Tipperary.

D. Quelles sont les principales villes de la Connacie?

R. GALLOWAY, *capitale* du comté de ce nom.

TOAM. *archevêché*, dans le comté de Galloway.

ARTICLE DOUZIÈME.

ÉTATS DU ROI DE DANEMARCK.

D. En quoi consistent les états du roi de Danemarck?

R. Ils consistent principalement dans

Le Danemarck, au sud.

L'Islande, à l'ouest.

Le Holstein, qui fait partie de l'Allemagne.

§. Ier.

Du Danemarck.

D. Qu'est-ce que le Danemarck?

R. Le Danemarck est un royaume peu considérable, mais fort peuplé, dont les bornes sont, à l'occident et au nord l'Océan, à l'orient la mer Baltique.

D. Comment divise-t-on le Danemarck?

R. Le Danemarck se divise en terre-ferme et en îles.

D. Qu'est-ce que la terre-ferme?

R. La terre-ferme est une presqu'île qu'on nomme le Jutland, qui se partage en Nord-Jutland, Sud-Jutland, ou duché de Sleswick, et duché de Holstein.

D. Quelles sont les productions du Danemarck?

R. Le terroir, quoique entouré de mers, n'est pas marécageux : on y nourrit beaucoup de chevaux et de bœufs; la chasse et la pêche y sont abondantes.

D. Quelles sont les villes principales du Nord-Jutland?

R. ALBOURG, *évêché*,

WIBOURG, *évêché*, sur le lac Water, *capitale* du Nord-Jutland.

RYPEN, *évêché*, *port*, à l'occident.

D. Quelles sont les villes principales du Sud-Jutland?

R. TONDERN, à l'occident.

SLESWICK, *capitale* du Sud-Jutland.

Isles du Danemarck.

D. Quelles sont les îles principales du Danemarck?

R. Les principales îles sont l'île de Séeland et la Fionie, dont les villes capitales sont:

COPENHAGUE, *évêché*, *capitale* de tout le royaume, *port*, *université*, dans l'île de Séeland, résidence du roi de Danemarck.

ODENSÉE, *évêché*, *capitale* de l'île de Fionie, apanage du fils aîné du roi.

§. II.

De l'Islande.

D. Qu'est-ce que l'Islande?

R. Une grande île, située au nord-ouest de la Norwège, dont elle est très éloignée. Elle appartient au roi de Danemarck.

D. Quelles en sont les villes principales?

R SKALHOLT, *évêché*, *capitale*.

HOLA, *évêché*, au nord.

D. Qu'y a-t-il de remarquable dans cette île?

R Le mont Hécla qui est un volcan, c'est-à-dire, une montagne qui jette du feu.

ARTICLE TREIZIEME.

DE LA SUÈDE ET DE LA NORWÈGE.

D. Qu'est-ce que la Suède?

R. Un royaume qui est autour de la mer Baltique: l'air y est froid; ce royaume est assez stérile, mais abondant en troupeaux, et en renards et hermines, qui fournissent de belles fourrures.

D. Comment divise-t-on la Suède?

R. On divise la Suède en quatre parties, savoir :

1. La Suède propre, à l'ouest de la mer Baltique.
2. La Gothie, au sud.
3. Le territoire de Bahus, à l'occident.
4. La Laponie Suédoise, au nord.

D. Quelles en sont les principales rivières?

R. Il n'y a de rivière remarquable que la Torn, qui se jette dans la mer Baltique.

D. Quelles sont les principales villes de la Suède?

R. Les principales villes de la Suède sont :

1°. Dans la Suède propre :

STOCKHOLM, *capitale* de toute la Suède, et en particulier de l'Uplande, *port.*

UPSAL, *archevêché.*

2°. Dans la Gothie :

GOTHEMBOURG, *port*, à l'ouest, *capitale* du Westrogothland propre.

LUNDEN, *évêché*, *capitale* de la Scanie ou Schonen, au sud.

CALMAR, à l'est, *port*, *capitale* du Smaland.

3°. Dans le territoire de Bahus :

BAHUS, *capitale* du territoire de Bahus, cédée à la Suède par le Danemarck en 1678.

D. Comment divise-t-on la Laponie Suédoise?

R. La Laponie se divise en six marches ou préfectures, qui n'ont pas de villes, excepté la première, et qui prennent le nom des rivières qui les arrosent.

Ce sont du sud au nord.

AOSALHA, lieu principal de la préfecture des Lapons d'Angermanie.

Les Lapons d'Uma.
——— de Pitha.
——— de Lula.
——— de Tornea.
——— de Kimi.

D. Qu'est-ce que la Norwége?

R. Un royaume assez étendu, qui est situé au nord du Danemarck, dont il est séparé par l'Océan. Il appartenoit au Danemarck, qui l'a cédé à la Suède, en échange de la Poméranie Suédoise.

D. Comment divise-t-on la Norwège?

R. Elle se divise en 5 gouvernements du sud au nord, savoir:

1. Christiansand.
2. Aggerrhus.
3. Berghen.
4. Drontheim.
5. Wardus.

D. Quelles sont les capitales de ces gouvernements?

R. CHRISTIANSAND, *capitale* du gouvernement de ce nom, *évêché*, *port*.

CHRISTIANIA, *capitale* de tout le royaume et du gouvernement d'Aggerrhus.

BERGHEN, *archevêché*, *capitale* du gouvernement de Berghen, *port*.

DRONTHEIM, *évêché*, *capitale* du gouvernement de Drontheim, *port*.

ARTICLE QUATORZIÈME.

EMPIRE DE RUSSIE.

D. Qu'est-ce que la Russie?

R. Un vaste empire qui s'étend en Europe et en Asie, et dont le souverain porte le titre d'*Empereur de toutes les Russies*, *et de Roi de Pologne*.

D. Quelles sont les bornes de la Russie?

R. La Russie confine, du côté de l'Europe, à la Laponie Suédoise, à la Prusse, au royaume de Pologne, qui appartient à l'empereur; à l'Empire d'Autriche, à la Turquie d'Europe; et du côté de l'Asie, elle est bornée par la Perse, la Tartarie indépendante, et la Tartarie Chinoise: elle s'étend par le nord-est de l'Asie jusqu'à l'Amérique, dont elle n'est séparée que par le détroit de Behring, large de moins de 30 lieues.

D. Comment divise-t-on la Russie d'Europe ?

R. La Russie d'Europe peut se partager en partie septentrionale, partie du centre, partie du sud, partie de l'est, partie du sud-est et partie de l'ouest. Chacune de ces parties se subdivise en gouvernements.

D. Quelles sont les principales rivières de la Russie?

R. Le WOLGA, qui traverse la Russie européenne de l'ouest à l'est, et se jette dans la mer Caspienne, en Asie, et au-dessous d'Astracan.

Le DON, qui coule du nord au sud, en faisant un grand circuit, et se décharge dans la mer d'Azof, au-dessous d'Azof.

La DWINA, qui se forme du concours des rivières de Sulma et du Joug, et se jette dans la mer Blanche, au nord de la Russie.

D. Quels sont les principaux lacs de la Russie?

R. Les principaux lacs de la Russie sont ceux de Ladoga et d'Onéga, vers la Finlande.

D. Combien la partie septentrionale de la Russie renferme-t-elle de gouvernements?

R. Elle en renferme treize, dont voici les noms :

GOUVERNEMENTS.	CAPITALES.
FINLANDE,	*Abo.*
WIBOURG,	*Wibourg.*
OLONEC,	*Olonec.*
ARCHANGEL,	*Archangel.*
ESTONIE,	*Revel.*
SAINT-PÉTERSBOURG,	*Saint-Pétersbourg.*
NOVOGOROD,	*Novogorod-Veliki.*
VOLOGDA,	*Vologda.*
LIVONIE,	*Riga.*
PSKOF,	*Pskof.*
TWER,	*Twer.*
JEROSLAW,	*Jeroslaw.*
KOSTROMA,	*Kostroma.*

D. Quelles sont les principales villes de la partie septentrionale de la Russie?

R. Saint-Pétersbourg, *capitale* de toute la Russie, fondée par Pierre-le-Grand, sur le golfe de Finlande; *port*, résidence de l'empereur.

Revel, *port*, sur le même golfe.

Riga, près de l'embouchure de la Dwina.

Novogorod Weliki, ou Novogorod la grande, ville commerçante, et *archevêché*.

Archangel, *évêché*, ville commerçante, à l'embouchure de la Dwina, dans la mer Blanche.

D. Combien la partie du centre comprend-t-elle de gouvernements?

R. Elle en comprend treize, dont voici les noms: Smolensk, Moscow, Wolodimir, Nisnei-Novogorod, Kaluga, Tula, Riazan, Tambow, Orel, Koursk, Woronez, Czernigow, et Ukraine: tous ces noms sont ceux des capitales respectives, à l'exception du gouvernement de l'Ukraine, dont la capitale se nomme Charkow.

D. Quelles sont les principales villes de cette partie de la Russie?

R. Moscow, *archevêché*, deuxième *capitale* de la Russie: cette ville fut prise par les Français en 1812.

Smolensk, *ville forte*, sur le Dnieper.

Koursk, ville assez peuplée.

Nizneï Novogorod, ou Novogorod la basse, près du Wolga.

D. Quels sont les gouvernements de la partie sud?

R. Ils sont au nombre de trois, les voici:

GOUVERNEMENTS.	CAPITALES.
Kiow,	*Kiow*, sur le Niéper.
Catherinoslaw,	*Catherinoslaw*.
La Tauride,	*Caffa*.

Le gouvernement de la Tauride est formé de la petite Tartarie, qui n'a pas de villes, et de la Crimée, presqu'île de la mer Noire, dont les principales villes sont:

Caffa, *capitale*, au sud-est, sur la mer Noire.

Odessa, ville nouvelle et commerçante, sur la mer Noire.

BACHASERAI.

D. Quels sont les gouvernements de l'est?

R. Il y en a sept, dont voici les noms, qui sont ssi ceux de leurs capitales respectives.

Perm, Wiatka, Orenbourg, Kasan, Simbirsk, Penza Saratow.

D. Quelles sont les principales villes de cette partie la Russie ?

R. ORENBOURG, grande et *forte ville*, sur le Jaïck: trepôt de l'Asie pour le commerce.

KASAN, *évêché*, à une petite distance du Wolga; lle riche et bien peuplée.

D. Quels sont les gouvernements de la partie sud-est?

R. La partie sud-est renferme trois gouvernements, voir :

Le gouvernement des Cosaques du Don et de la Mer oire, *capitale* TCHERKASK.

— D'ASTRACAN, *Astracan*.

— DU CAUCASE, *Georgiensk, capitale* de la Géorgie.

D. Quelles sont les principales villes de la partie d-est ?

R. TCHERKASK, sur le Don; ville qui fait un assez rand commerce.

ASTRACAN, *archevêché*, dans l'île de Dolgoi, formée r le Volga, près de son embouchure; c'est une ville mmerçante et très peuplée.

D. Combien la partie ouest renferme-t-elle de gou-rnements ?

R. Elle en renferme neuf, dont voici les noms:

GOUVERNEMENTS.	CAPITALES.
WITEPSK,	*Witepsk.*
MOHILOW,	*Mohilow.*
COURLANDE,	*Mittaw.*
WILNENSK,	*Wilna.*
GRODNENSK,	*Grodno.*
MINSK,	*Minski.*
VOLINSK,	*Zitomiers.*
PODOLIE,	*Kaminieck.*
KERSON,	*Kerson.*

D. Quelles sont les principales villes de cette partie de la Russie ?

R. Kaminieck, *évêché*, *place forte.*

Wilna, *évêché* ; ville grande et bien peuplée.

Grodno, sur le bord du Niémen.

Brzescie, sur le Bog ; ville fortifiée.

Minski. *ville forte*, qui a deux citadelles.

Witepsk, *ville forte* et commerçante, sur la Dwina.

Mittaw, *ville forte*, bien bâtie, et bien peuplée.

Kerson, *ville forte*, très commerçante, avec un bon *port.*

ROYAUME DE POLOGNE.

D. Qu'est-ce que la Pologne ?

R. La Pologne étoit un ancien royaume borné au couchant par l'Allemagne ; au midi par la Hongrie, la Moldavie et la Transylvanie; à l'orient par la Russie; et au nord par la Russie, la Prusse et la mer Baltique ?

D. Quel en étoit le gouvernement ?

R. Le gouvernement de la Pologne étoit monarchique et aristocratique ; ce royaume étoit électif. Chaque élection donnoit lieu à des troubles qui aboutirent enfin à un démembrement total du royaume fait par les Autrichiens, les Russes et le roi de Prusse.

D. Comment divisoit-on la Pologne ?

R. La Pologne, avant les partages qu'on en a faits, étoit divisée en trois grandes parties, la grande Pologne au nord-ouest, la petite Pologne au sud, la Lithuanie au nord-est. Chacune de ces parties se subdivisoit en provinces ou palatinats.

D. Combien la grande Pologne renfermoit-elle de palatinats ?

R. Elle en avoit douze, savoir : ceux de Pomérélie, Marienbourg, Culm, Posnanie, Gnesne, Kalish, Lencicza, Siradie, Ploczko, Rava, Mazovie, Podlaquie.

D. Combien la petite Pologne avoit-elle de palatinats ?

R. Elle en avoit neuf, ceux de Sandomir, Lublin,

Chelm, Cracovie, Belcz, Lemberg, Volhinie, Podolie, Ukraine.

D. Combien y avoit-il de palatinats dans la Lithuanie.

R. La Lithuanie se divisoit en dix palatinats : Courlande, Samogitie, Troki, Wilna, Poloczk, Witepsk, Novogrodeck, Minsk, Mcislaw, Polésie.

D. A quelle époque la Pologne a-t-elle été démembrée ?

R. Il y a eu trois démembrements : le premier a eu lieu en 1772 ; les Russes, les Autrichiens et le roi de Prusse s'emparèrent alors des provinces qui étoient limitrophes de leurs Etats. En 1793 et en 1795 ils achevèrent de se partager le reste de la Pologne.

D. Quel a été le lot de chacune de ces puissances dans les divers partages ?

R. La Russie s'est emparée du duché de Lithuanie, et d'une portion de la petite Pologne ; l'Autriche du reste de la petite Pologne qu'elle a réunie à ses Etats sous le nom de Gallicie ; enfin le roi de Prusse avoit eu pour son partage la grande Pologne.

D. Les puissances co-partageantes sont-elles encore en possession des portions de la Pologne qui leur étoient échues ?

R. Le roi de Prusse a perdu, dans les dernières guerres, presque tout ce qu'il avoit acquis par les partages de la Pologne : ces provinces, jointes à une partie de la Gallicie, ou petite Pologne, cédée par l'Autriche, ont formé depuis le grand-duché de Varsovie, et forment aujourd'hui en partie le royaume de Pologne, qui a été donné, par l'acte du Congrès de Vienne, à l'empereur de Russie, à l'exception du département de Posen, qui est passé sous la domination du roi de Prusse, avec le titre de grand-duché.

D. Comment est divisé le royaume actuel de Pologne ?

R. En six départements, non compris la Gallicie occidentale, qui en fait partie.

D. Quels sont les noms de ces six départements?

R. Ces départements portent le nom de leurs chefs-lieux, qui sont Lomza, Bromberg, Kalish, Varsovie, Ploczko; Posen, qui a été donné au roi de Prusse.

D. Quelles sont les principales villes du royaume de Pologne?

R. VARSOVIE, capitale de tout le duché, sur la Vistule: la population excède 60,000 habitants.

PLOCZKO, sur la Vistule.

D. Quelles sont les principales villes de la Gallicie occidentale?

R. CRACOVIE, sur la Vistule, 24,000 hab., ville qui a été déclarée libre par acte du Congrès de Vienne.

OPATOW, petite ville.

SANDOMIR, *ville forte*, à l'embouchure du San, dans la Vistule.

LUBLIN, ville très commerçante.

ARTICLE QUINZIÈME.

DE LA TURQUIE D'EUROPE.

D. Qu'est-ce que la Turquie?

R. Un grand empire qui s'étend en Europe, en Asie et en Afrique, et dont le chef s'appelle *Sultan*, *Grand-Turc*, *Grand-Seigneur*.

D. Quelles sont les bornes de la Turquie d'Europe?

R. Elle est bornée au nord par l'Empire d'Autriche et la Russie, à l'orient par la mer Noire, la mer de Marmara et l'Archipel, au sud par la mer Méditerranée, et à l'ouest par le golfe de Venise et l'Illyrie.

D. Comment divise-t-on la Turquie d'Europe?

R. On la divise en septentrionale et méridionale; ces deux parties sont séparées par des montagnes.

D. Quelles sont les rivières les plus remarquables de la Turquie d'Europe?

R. Le Danube, dont on a déjà parlé; et le Mariza, en Romanie, lequel passe à Andrinople, et se jette dans l'Archipel.

§. Ier.

De la Turquie Septentrionale.

D. Combien la Turquie septentrionale d'Europe nferme-t-elle de provinces?

R. Elle en renferme neuf, savoir : une vers la mer oire, c'est la *Bessarabie ;* deux vers la Transylvanie, *Moldavie* et la *Valachie ;* deux sur le golfe de Vese, la *Croatie* et la *Dalmatie ;* trois vers le Danube occident en orient, la *Bosnie*, la *Servie*, la *Bulgarie ;* ne enfin qui est bornée à l'orient par la mer Noire, *Romanie.*

D. Quelles sont les villes principales de la Turquie ptentrionale ?

R. OCZACOW, *capitale* des Tartares de ce nom, à embouchure du Dnieper, dans la mer Noire.

AKERMAR, sur la mer Noire, à l'embouchure du iester, *capitale* des Tartares de Budziac; toutes deux ans la Bessarabie.

JASSY, *capitale* de la Moldavie, près du Pruth, *lace forte.*

TERGOVISCH, *capitale* de la Valaquie, grande ville, *n peu fortifiée.*

BUCHAREST, aussi en Valaquie, *ville forte.*

VIHITZ, ou BIHACZ, *capitale* de la Croatie turque.

MOSTAR, *capitale* de la Dalmatie turque, et *évêché.*

BANIALUCA, *capitale* de la Bosnie, et *place forte.*

BELGRADE, sur le Danube, *capitale* de la Servie, et *lace forte.*

SOPHIE, *capitale* de la Bulgarie.

CONSTANTINOPLE, ou STAMBOL, fondée par Constanin, près de l'ancienne Byzance, *capitale* de toute la Turquie, et en particulier de la Romanie, *port*, sur e canal de son nom, qui joint la mer de Marmara vec la mer Noire.

ANDRINOPLE, grande ville, sur le Mariza, dans la même province.

Le Grand-Seigneur réside ordinairement à Constantinople ; dans l'été il va à Andrinople, à cause de l bonté de l'air.

§. II.

De la Turquie méridionale, ou Grèce.

D. Qu'est-ce que la Turquie méridionale, ou Grèce:

R. LA GRÈCE est une grande presqu'île qu'on divis en terre-ferme et en îles.

D. Comment divise-t-on la terre-ferme?

R. La terre-ferme se divise en quatre provinces savoir :

1. La Macédoine, au nord.
2. L'Albanie, à l'ouest.
3. La Livadie, } au sud.
4. La Morée. } au sud.

D. Quelles sont les villes principales de la Turqui méridionale?

R. SALONIQUE, au fond du golfe de ce nom, *capitale* de la Macédoine, *archevêché.*

JANNA, ou JANINA, aussi dans la Macédoine, *évêché.*

SCUTARI, *capitale* de l'Albanie, *évêché*; ville peuplé et commerçante.

LA PREVEZA, sur le golfe de Larta, aussi dans l'Albanie.

ATINA, ou SETINE, autrefois ATHÈNES, *archevêché*, *capitale* de la Livadie.

LÉPANTE, à l'entrée du golfe de ce nom, dans la même province.

CORINTHE, près de l'isthme de ce nom, au nord-est, *capitale* de la Morée.

MISITRA, au midi, autrefois SPARTE, sur le Taygète, avec un bon château.

D. Où sont situées les îles de la Turquie d'Europe?

R. Elles sont situées dans l'Archipel, qui sépare la Grèce de l'Asie mineure.

D. Quelles sont les plus grandes de ces îles?

R. Les îles de Candie et de Négrépont : la première, anciennement Crète, au sud-est de la Morée; la seconde, l'ancienne Eubée, à l'orient de la Livadie;

a Tartarie, qui comprend la Russie d'Asie.
eptième partie consiste en un grand nombre
es.
els sont les principaux fleuves de l'Asie?

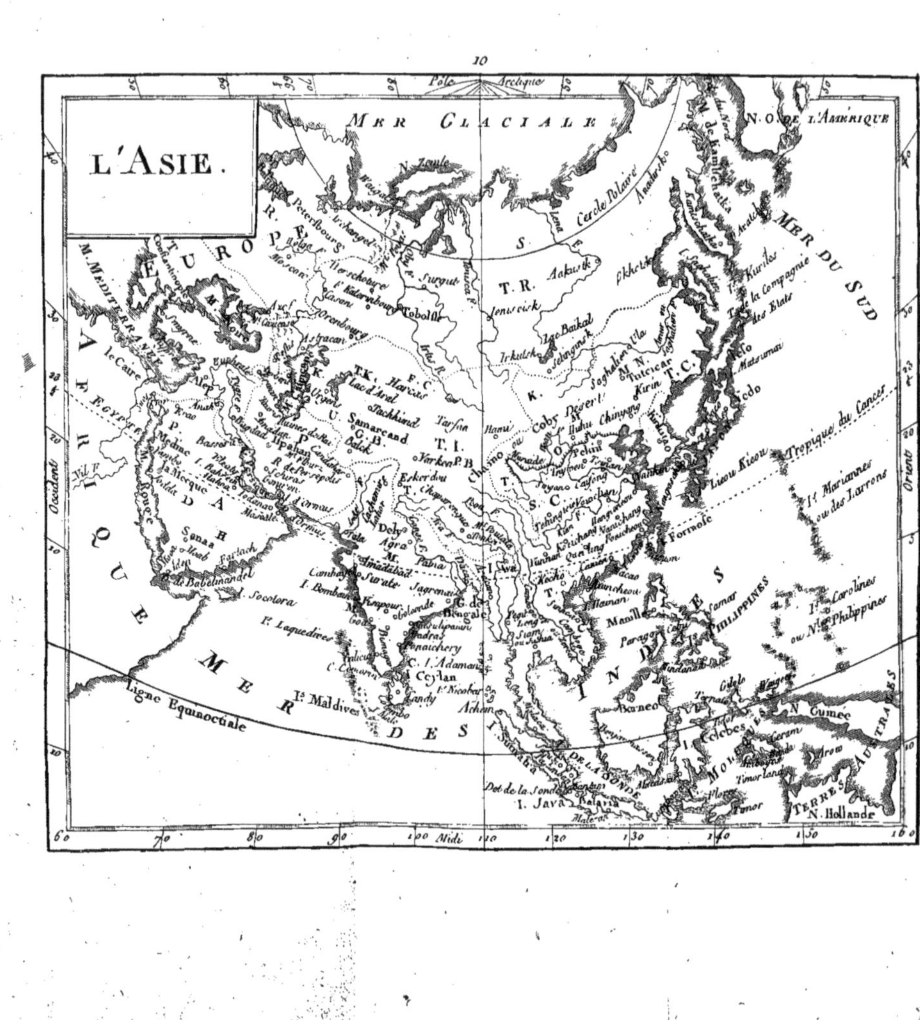

L'ASIE.
MER GLACIALE
Pole Arctique
Cercle Polaire
N.O. DE L'AMERIQUE
MER DU SUD
EUROPE
M. MEDITERRANÉE
AFRIQUE
MER DES INDES
Ligne Equinoctiale
Tropique du Cancer
Occident
Orient
Midi
Tobolsk
Lac Baikal
Lac d'Aral
Samarcand
Astracan
Orenbourg
Moscou
Arkangel
Petersbourg
Surgut
Jeniseisk
Irkutsk
Jakutsk
Kamtchatka
Ochotsk
I. Kuriles
Terre de la Compagnie
Terre des Etats
Jedo
Matsumai
Coby Desert
Pekin
Nankin
Canton
Macao
Formose
Lieou Kieou
Ies Mariannes ou des Larrons
Ies Carolines ou Nles Philippines
PHILIPPINES
Manille
Samar
Borneo
Celebes
Gilolo
N. Guinée
Ceram
Timorland
Timor
Flores
I. Java
Batavia
Det. de la Sonde
I. Sumatra
Achem
Ies Nicobar
C. l'Adaman
Ceylan
Candy
Ies Maldives
C. Comorin
Calicut
Goa
I. Bombain
Surate
Cambaye
Amadabad
Agra
Dely
Patna
Golconde
Jagrenat
G. de Bengale
Pondichery
Madras
Pegu
Siam
Ava
Tonquin
Cochinchine
I. Hainan
Thibet
Samarcand
Balck
Candahar
Ispahan
Ormus
Bassora
Bagdad
Alep
Smyrne
le Caire
Medine
la Mecque
Sana
Aden
D. de Babelmandel
I. Socotora
Ies Laquedives
N. Hollande
TERRES AUSTRALES
I. Java

D. Quelles en sont les villes principales?

R. CANDIE, *capitale* de l'île du même nom.

LA CANÉE, *port*, dans la même île.

NÉGREPONT, *capitale* de l'île de ce nom.

CHAPITRE SECOND.

DE L'ASIE.

D. Qu'est-ce que l'Asie?

R. L'Asie est une des quatre parties du monde; c'est la plus considérable par son étendue et sa population.

D. Quelles sont les bornes de l'Asie?

R. L'Asie est bornée au nord par la mer Glaciale; à l'est par l'Océan oriental, partie de la mer du Sud, et par le détroit de Behring, qui la sépare de l'Amérique; au sud par la mer des Indes, et à l'ouest par l'Afrique et l'Europe.

D. Quelles sont les plus grandes chaînes de montagnes de l'Asie?

R. Les plus grandes chaînes de montagnes de l'Asie sont:

1. Le mont Taurus, qui traverse toute la Natolie et la Perse.
2. Les monts de Pierre, } au nord.
3. Les monts de Noss, } au nord.

D. Comment divise-t-on l'Asie?

R. On la divise en sept parties principales, savoir:

1. La Turquie d'Asie.
2. L'Arabie.
3. La Perse.
4. L'Inde, qui contient l'Indostan, et les deux presqu'îles en-deçà et au-delà du Gange.
5. La Chine.
6. La Tartarie, qui comprend la Russie d'Asie.

La septième partie consiste en un grand nombre d'îles.

D. Quels sont les principaux fleuves de l'Asie?

R. Les principaux fleuves sont :

Le Tigre, } qui se jettent dans le golfe Persique.
L'Euphrate, }

L'Indus, qui se décharge au sud-ouest dans la mer des Indes.

Le Gange, qui se jette au sud dans le golfe du Bengale.

Le Hoan et le Kian, qui traversent la Chine de l'ouest à l'est, et se jettent dans l'Océan oriental.

L'Oby, } qui se rendent dans la mer Glaciale.
Le Jéniséa, }

L'Amur, qui se jette dans l'Océan au nord-est de l'Asie.

ARTICLE PREMIER.

DE LA TURQUIE D'ASIE.

D. Comment divise-t-on la Turquie d'Asie ?

R. La Turquie d'Asie se divise en quatre grandes régions, chacune desquelles se subdivise en gouvernements ou pachalicks. Les quatre grandes régions sont :

1. La Natolie.
2. La Syrie.
3. La Turcomanie.
4. Le Diarbeck.

Auxquelles il faut joindre les îles qui sont situées dans la mer Méditerranée.

§. Ier.

De la Natolie.

D. Qu'est-ce que la Natolie ?

R. C'est une grande presqu'île entre la mer Noire et la Méditerranée, qui se divise en sept gouvernements : on l'appelle aussi le Levant.

Les noms des gouvernements sont :

1. Anadoli.
2. Sivas.
3. Trébisonde.

4. Caramanie.
5. Aladulie.
6. Adana.
7. L'Isle de Chypre.

D. Quelles sont les villes principales de la Natolie?

R. CHIUTAYE, *capitale* de l'Anadolï, ville considérable.

BURSE, au nord, grande et belle ville.

SMYRNE, à l'occident, sur l'Archipel, *port* fameux.

COGNY, *capitale* de la Caramanie, grande et ancienne ville.

AMASIE, vers la mer Noire, dans le Sivas. Le géographe Strabon y est né.

SIVAS, au sud-est d'Amasie, *capitale* du Sivas, résidence du pacha.

TRÉBISONDE, ville grande et mal peuplée.

MALATHIA, dans l'Aladulie, sur la rivière d'Arzu.

§. II.

De la Syrie.

D. Qu'est-ce que la Syrie?

R. C'est une contrée, bornée au nord par le Diarbeck et la Natolie, à l'est par le Diarbeck et l'Arabie déserte, au sud par cette même Arabie et la Judée, à l'ouest par la Méditerranée.

D. Comment divise-t-on la Syrie?

R. Elle se divise en six gouvernements, qui portent les noms de leurs capitales, savoir :

Alep, Tripoli, Seyde, Damas. Jérusalem, Adgeloun.

D. Quelles sont les principales villes de la Syrie?

R. ALEP, au milieu des terres, grande ville, très peuplée et très commerçante.

DAMAS, vers l'orient, résidence du pacha; c'est une ville très ancienne, et située dans une plaine, au pied du Mont-Liban.

TRIPOLI, ville et *port*, sur la mer Méditerranée.

JÉRUSALEM, ville célèbre par les grands mystères du christianisme qui s'y sont opérés.

GAZA, *port*, sur la Méditerranée.

§. III.

De la Turcomanie.

D. Qu'est-ce que la Turcomanie?

R. C'est une grande province où se trouvent les sources de l'Euphrate et du Tigre.

D. Quelle est la principale ville de la Turcomanie?

R. Erzeroum, près la source de l'Euphrate, dans une plaine, au pied d'une chaîne de montagnes.

§. IV.

Du Diarbeck.

D. Comment divise-t-on le Diarbeck?

R. Il se divise en

Diarbeck propre, à l'ouest.
Yrac-Arabi, au sud.
Curdistan, à l'est.

D. Quelles sont les principales villes du Diarbeck?

R. Diarbékir, *capitale* du Diarbeck propre, sur le Tigre.

Mosul, sur le Tigre, presque ruinée.

Bagdad, sur le Tigre, *capitale* de l'Yrac-Arabi.

Betlis, *capitale* du Curdistan, résidence du plus puissant des émirs des Curdes.

§. V.

Des îles de la Turquie d'Asie.

D. Quelles sont les îles les plus remarquables de la Turquie d'Asie?

R. Les plus remarquables de ces îles, qui sont dans la Méditerranée, sont:

1. Chypre, entre la Natolie et la Syrie.
2. Rhodes, près de la côte méridionale de la Natolie.

D. Quelles en sont les villes principales?

R. Nicosie, *capitale* de l'île de Chypre.

Famagouste, *ville forte*, et épiscopale, avec un *port*, dans la même île.

Rhodes, *capitale* de l'île de ce nom, belle et *forte ville*.

ARTICLE SECOND.

DE L'ARABIE.

D. Qu'est-ce que l'Arabie?

R. C'est une grande presqu'île, bornée à l'occident par la mer Rouge et l'isthme de Suez qui la sépare de l'Afrique; au midi par la mer des Indes; à l'orient, par le golfe Persique et l'Yrac-Arabi; et au nord, par la Syrie et le Diarbeck, dont elle est séparée par l'Euphrate.

D. Quelles sont les productions de ce pays?

R. Ce pays, qui est très sec, produit de l'encens, du baume et du café excellent.

D. Comment divise-t-on l'Arabie?

R. L'Arabie se divise en trois parties, du nord au sud.

1. Arabie Pétrée.
2. Arabie déserte.
3. Arabie heureuse.

D. Quelles sont les principales villes de l'Arabie?

R. Tor, *port*, sur la mer Rouge, principale ville de l'Arabie pétrée.

Médine,

La Mecque, *capitales* des états des schérifs de ce nom, dans l'Arabie déserte: la première a le tombeau de Mahomet, et la seconde est le lieu de sa naissance.

Moab, *capitale* du royaume d'Yémen, dans l'Arabie heureuse.

Moka, célèbre par l'excellent café de ce nom.

Fartach, au sud, *capitale* du royaume de ce nom.

Mascate, *port*, à l'orient: elle dépend d'un prince qui prend le nom de Calife.

Elcatif, *port*, sur le golfe Persique.

ARTICLE TROISIÈME.

DE LA PERSE.

D. Qu'est-ce que la Perse?

R. Un royaume fort ancien, qui est borné à l'occident par le Curdistan et l'Yrac-Arabi, qui sont de la Turquie Asiatique ; au nord, par la Géorgie, la Circassie, la mer Caspienne et le pays des Usbecks ; à l'orient, par l'Inde, et au midi, par le golfe Persique et la mer des Indes. Le mont Taurus la coupe par le milieu.

D. Quelles sont les productions de la Perse?

R. La Perse produit d'excellents fruits, du vin, du riz, etc. : on en tire beaucoup de soie et de fort belles toiles peintes.

D. Comment divise-t-on la Perse?

R. La Perse se divise en quinze provinces.

D. Quels sont les noms de ces quinze provinces?

R.

Provinces	
1. Le Dagestan, 2. La Turcomanie orientale ou l'Iran, 3. L'Aderbijan,	au nord-ouest.
4. Le Chirvan, 5. Le Ghilan, 6. Le Massanderan, ou Tabristan,	au nord et sur la mer Caspienne.
7. Le Khorasan, 8. Le Candahar,	aussi au nord, mais au midi du pays des Usbecks.
9. L'Yrac-Agemi, 10. Le Segestan, 11. Le Sablestan,	dans le milieu, d'occident en orient.
12. Le Khusistan, 13. Le Farsistan, 14. Le Kerman, 15. Le Mécran,	au midi, le long du golfe Persique et de la mer des Indes.

D. Quelles sont les villes principales de la Perse?

R. Tarcou, *capitale* du Dagestan, sur la mer Caspienne.

Erivan, *capitale* de la Turcomanie orientale, près de l'Araxe.

Tauris, *capitale* de l'Aderbijan, seconde ville de la Perse.

Chamaki, *capitale* du Chirvan.

Recht, près la mer Caspienne, *capitale* du Ghilan.

Ferabad, près la même mer, *capitale* du Massanderan.

Hery ou Heray, *capitale* du Khorasan.

Candahar, *capitale* du Candahar, aujourd'hui au royaume de Kaboul.

Ispahan, anciennement capitale de l'Yrac-Agemi et de toute la Perse, sur le Zenderouth.

Teheran, sur le Jageron, *capitale* actuelle de l'Yrac-Agemi et de toute la Perse.

Zarand, *capitale* du Segestan, près l'Inomed.

Bost, sur l'Inomed, *capitale* du Sablestan.

Suster, *capitale* du Khusistan.

Chiras, *capitale* du Farsistan.

Kerman, *capitale* du Kerman.

Bander-Abassy ou Gomran, sur le golfe Persique.

Tis ou Mecran, *port*, dans le Mecran, au sud.

ARTICLE QUATRIÈME.

DE L'INDE.

D. Qu'est-ce que l'Inde?

R. L'Inde est une vaste contrée, qui a reçu son nom du fleuve Indus, ou Sinde, et qui se divise en trois parties, savoir :

1. L'Indostan, au nord.
2. La presqu'île en-deçà du Gange, ou occidentale.
3. La presqu'île au-delà du Gange, ou orientale.

D. Quelles sont aujourd'hui les principales puissances de l'Inde?

R. Les trois principales puissances de l'Inde, en n'y comprenant pas la presqu'île au-delà du Gange, sont: la *Compagnie anglaise des Indes*, les *Marattes*, le *Nisam* ou *Soubab du Dékan* et les *Seiks*.

Royaume de Caboul.

D. Qu'est-ce que le royaume de Caboul ?

R. C'est un royaume formé en totalité d'une partie de l'empire des Afghans, qui renfermoit les provinces de Cachemire, de Caboul, de Ghisni et du Candahar.

D. Quelles en sont les bornes ?

R. Il est borné au nord par la Tartarie indépendante, à l'est par l'Indostan, au sud et à l'ouest par la Perse. Les limites n'en sont pas parfaitement déterminées.

D. Quelles en sont les principales villes ?

Caboul, actuellement *capitale* du royaume de ce nom.

R. Cachemire, grande ville, sur une rivière, *capitale* de la province de ce nom; c'est dans ses environs que se fabriquent ces schals si renommés.

Péichour, ville considérable, à quarante lieues de Caboul.

Candahar, ville florissante et peuplée, sur la grande route qui va de l'Inde en Perse et en Tartarie, *capitale* de la province de son nom.

Etats des Seiks.

D. Quelles sont les bornes de cet état ?

R. Il est borné au nord par des montagnes, situées vers le Thibet et la province de Cachemire; à l'est par le Gemmeh, jusqu'auprès de Delhi; au sud par le désert de Régistan, et à l'ouest par l'Indus.

D. Quelles sont les principales villes des états des Seiks ?

R. Lahor, *capitale*, grande et belle ville, où résidoient autrefois les Mogols, dont l'empire est détruit

Semana, ville considérable.

Marattes.

D. Comment divise-t-on les Marattes ?

R. On les divise en occidentaux et orientaux.

D. Quelles sont les principales villes des Marattes occidentaux ?

R. Delhi, sur le Gemmeh; cette ville est en ruines.

Agra, sur la même rivière, vers le midi; belle ville, qui tombe en ruines.

Pounah, *ancienne capitale.*

Amadabad, ville peuplée et commerçante, *capitale* du Guzarat.

Cambaye, } vers l'entrée du golfe de Cambaye.
Surate, }

Les Anglais ayant la citadelle de Surate, on peut les regarder comme maîtres de la ville.

D. Quelles sont les principales villes des Marattes orientaux ?

R. Negpour, *capitale.*

Visapour, ville considérable, qui a dans son voisinage des mines de diamants, autrefois *capitale* d'un royaume de ce nom.

Jagrenat, près des bords de la mer.

Possessions anglaises.

D. Comment se divisent les possessions anglaises dans l'Inde ?

R. Les possessions anglaises peuvent se diviser en quatorze provinces ; 1°. le Bengale ; 2°. le Bahar ; 3°. le Bénarez, 4°. les cinq Circars, ou cinq provinces situées entre la côte d'Orixa et celle de Coromandel, dont voici les noms : Cicoale, Raja-Mondry, Ellore, Condapilly et Gountour ; 5°. le Carnate ; 6°. le Tanjaour ; 7°. le Maduré : les provinces suivantes formoient les Etats de Tippoo-Saëb, qui sont actuellement possédés par les Anglais ; savoir : 8°. le Travancore ; 9°. le Calicut, ou province des Naïrs ; 10°. le Dindigul ; 11°. le Coïmbettore ; 12°. le Canara ; 13°. le district de Goa ; 14°. enfin le district de Bombay.

Quant au royaume de Mysore, il est gouverné par un rajah, tributaire des Anglais.

D. Quelles sont les principales villes des possessions anglaises dans l'Inde ?

R. Calcutta, sur le bras occidental du Gange; ville principale du Bengale et de toutes les possessions anglaises : le gouverneur-général de l'Inde y réside.

Ougly, }
Daca, } aussi dans le Bengale. Les Français
Chandernagor, } ont un comptoir à Chandernagor.

Masulipatan, ville autrefois très florissante, mais très déchue de sa prospérité, dans le Circar de Condapilly.

Paliacat, dans le Carnate, sur la côte orientale de la presqu'île en-deçà du Gange, qu'on nomme côte de Coromandel. Paliacat étoit aux Hollandais.

Madras, ville très grande et très peuplée, aussi dans le Carnate.

Gingi, }
Pondichéry, } dans la même province. Les Français
Tranquebar, } ont un établissement à Pondichéry.

Negapatan, dans le Tanjaour, *port et place forte*, étoit aux Hollandais.

Maduré, *capitale* de la province de ce nom.

Tutucurin, sur la côte, dans la même province, étoit aux Hollandais.

Cochin, dans le district de ce nom, ville considérable qui appartenoit aux Hollandais.

Granganore, dans le même district, appartenoit aux Hollandais.

Calicut, dans la province de ce nom.

Mangalor, *capitale* du Canara.

Barcelore, }
Onore, } dans la même province.

Seringapatam, dans le Mysore, étoit la capitale des Etats de Tippoo-Saëb, vaincu et mort en 1799.

Bombay, }
Bacim, } dans le district de Bombay.

A 40 milles des possessions anglaises, est

Goa, *archevêché, port* : elle appartient aux Portugais.

Etats du Soubah du Dékan.

D. Quelles sont les principales villes du Dékan?

R. HYDRABAD, ou BAGNAGOUR, *capitale*, ville commerçante et fort peuplée.

GOLCONDE, *forteresse*, qui a près de deux lieues de tour, dans l'ancien Etat de ce nom, si célèbre par ses mines de diamants.

De la presqu'île au-delà du Gange, ou orientale.

D. Comment divise-t-on la presqu'île au-delà du Gange?

R. On peut la partager en quatre parties principales :

1. La partie septentrionale, qui comprend du nord au sud les royaumes d'Asem, de Tipra, d'Aracan, d'Ava et de Pégu, ces trois derniers formant ce qu'on appelle l'empire Birman, depuis 1754.

2. La partie du milieu, qui renferme le royaume de Laos.

3. La partie du midi, qui renferme le royaume de Siam et la presqu'île de Malaca, au roi de Siam.

4. La partie orientale, qui comprend les royaumes de Tonquin, de la Cochinchine et de Cambogè.

Partie septentrionale.

D. Quelles sont les principales villes de la partie septentrionale ?

R. CHAMDARA, *capitale* du royaume d'Asem, au nord.

MARCABAN, *capitale* du royaume de Tipra.

ARACAN, *capitale* du royaume de ce nom.

AVA, anciennement capitale du royaume du même nom ; ville tombée en ruines.

UMMERAPOURA, sur la rivière d'Ava, *capitale* actuelle du royaume d'Ava et de l'empire Birman.

PÉGU, ou PÉGOU, *capitale* du royaume de ce nom.

Partie du milieu.

D. Quelle est la ville principale de la partie du milieu ?

R. LENG, *capitale* du royaume de Laos, sur le Mécon.

Partie méridionale.

D. Quelles sont les principales villes de la partie méridionale ?

R. SIAM, *capitale* du royaume de ce nom, sur un golfe de ce nom.

MALACA, aux Hollandais, *port*, dans la presqu'île du même nom, vis-à-vis l'île de Sumatra.

Partie orientale.

D. Quelles sont les principales villes de la partie orientale ?

R. KECHO, *capitale* du royaume de Tonquin.

FAIFO, *port*, dans la Cochinchine.

CAMBOGE, ou LEVECK, *capitale* du royaume de Camboge.

ARTICLE CINQUIÈME.

DE LA CHINE.

D. Qu'est-ce que la Chine ?

R. La Chine est un ancien et vaste Empire dont le gouvernement est despotique, mais paternel. Il est très peuplé, fertile et bien cultivé ; ses habitants sont ingénieux, et sa police admirable. On évalue sa population à plus de 150 millions d'ames.

D. Quelles sont les bornes de la Chine ?

R. La Chine est bornée au nord par la Tartarie, dont elle est séparée par une ancienne muraille qui a cinq cents lieues de long ; à l'occident, par de hautes montagnes et des déserts ; au midi, par les royaumes de Tonquin, de Laos et de Cochinchine, et par l'Océan qui la borne aussi à l'orient.

D. Quelles sont les principales rivières de la Chine ?

R. Les principales rivières de la Chine sont le Hoang, ou rivière jaune, et le Kiang, ou rivière bleue.

D. Comment la Chine se divise-t-elle?

R. Le fleuve Kiang la divise en deux parties, septentrionale et méridionale.

La première contient six provinces, de l'ouest à l'est; la seconde contient neuf provinces.

D. Quelles sont les six provinces de la partie septentrionale?

R. 1. Le Chensi.
2. Le Chansi.
3. Le Pétchéli.
4. Le Changtong.
5. Le Setchuen, à l'occident.
6. Le Honang, au milieu.

D. Quelles sont les neuf provinces de la partie méridionale?

R. 1. Le Kiangnan, ou Nankin, à l'orient.
2. Le Houquang, au milieu.
3. Le Kiangsi, 4. Le Chekian, 5. Le Fokien, } au sud-est.
6. Le Quangtong, 7. Le Quangsi, } au sud.
8. Le Queicheou, 9. Le Younan, } au sud-ouest.

Au nord-est, se trouve le royaume de Corée, qui est tributaire de la Chine.

§. Ier.

Des provinces septentrionales.

D. Quelles sont les principales villes de la partie septentrionale?

SINGAN, *capitale* du Chensi.

TAYVEN, *capitale* du Chansi.

PÉKIN, *capitale* de tout l'empire de la Chine et du Pétchéli, résidence de l'Empereur, qui est Tartare d'origine, depuis que la Chine fut conquise par les Tartares, vers le milieu du 17e. siècle.

TSINAN, au sud-est de Pékin, *capitale* du Changtong.

TCHINGTON sur le Kiang, *capitale* du Setchuen.

CAIFONG, sur le fleuve Honan, *capitale* du Honan.

§. II.

Des provinces méridionales.

D. Quelles sont les principales villes de la partie méridionale?

NANKIN, *capitale* du Kiangnan, presque à l'embouchure du Kiang, seconde ville de la Chine, *port.*

VOUTCHAN, sur le Kiang, *capitale* du Houquang.

NANTCHANG, *capitale* du Kiangsi.

HANGTCHEOU, *capitale* du Chekian.

FOUTCHEOU, *capitale* du Fokien.

TAIOUAN, *capitale* de l'île de Formose, grande île vis-à-vis le Fokien.

QUANGTCHEOU, *port*, *capitale* du Quangtong, dont dépendent les îles de Hainan, qui ont pour *capitale* Kuntcheou, et Macao, qui a pour *capitale* Macao, aux Portugais.

QUEILING, *capitale* du Quangsi.

QUEYAN, *capitale* du Queicheou.

YUNNAN, *capitale* de l'Yunnan, ou Younan.

SIOR, *capitale* du royaume de Corée.

ARTICLE SIXIÈME.

DE LA GRANDE TARTARIE.

D. Qu'est-ce que la grande Tartarie?

R. La grande Tartarie est une vaste région de l'Asie, qui s'étend au nord, depuis la Turquie d'Asie, la Perse, l'Inde, et la Chine, jusqu'à la mer Glaciale.

D. Comment divise-t-on la grande Tartarie?

R. Elle se divise en trois parties, dont les deux premières sont au midi, savoir:

1. La Tartarie chinoise.
2. La Tartarie indépendante.
3. La Tartarie russe, ou la Russie asiatique, occupe tout le nord.

§. Ier.

De la Tartarie chinoise.

D. Où est située la Tartarie chinoise ?

R. Elle est située à l'orient de la Tartarie indépendante ; et séparée de la Chine par la grande muraille.

D. Comment partage-t-on la Tartarie chinoise ?

R. On la partage en partie orientale et partie occidentale.

La partie orientale est appelée le pays des Mantchoux ou Nyuches, et comprend le Leaoton ; la partie occidentale se nomme pays des Mongols ou Mugales, dont il y a de deux sortes ; les Mugales noirs, qui sont tributaires de la Chine, et les Mugales jaunes, qui sont sous sa protection. Les seconds n'ont pas de villes remarquables.

La partie occidentale renferme le pays des Eleuths et le Thibet.

D. Quelles sont les principales villes de la Tartarie chinoise ?

R. MUKDEN, *capitale* des Tartares Mantchoux.

TZÉ-HOL, ville considérable, où l'empereur de la Chine passe une partie de l'année.

KIRIN, *capitale* d'un gouvernement de ce nom, sur le Songari, ou Singal.

TITCICAR, *capitale* d'un gouvernement du même nom : ville nouvellement bâtie.

NINGOUTA, d'où est sortie la dynastie actuelle des empereurs de la Chine.

Pays tributaires de la Chine.

D. Quels sont les pays tributaires de la Chine ?

R. Ces pays, qui faisoient autrefois partie de la Tartarie indépendante, sont 1°. les Eleuths ou Calmoucks, 2°. le Thibet.

Eleuths.

D. Où sont situés les états des Eleuths ?

R. Ils sont situés à l'extrémité occidentale de l'Empire chinois.

D. Quelles en sont les principales villes?

R. CIALIS, *capitale*, au sud-est.

TURFAN, *capitale* du pays du même nom.

YARKAND, CASHGAR, COTUN, } principales villes de la petite Bucharie.

Thibet.

D. Qu'est-ce que le Thibet,

R. Le Thibet est un pays considérable, situé au midi des Eleuths.

D. Quelle en est la principale ville?

R. LASSA, *capitale*.

D. Quels sont les autres états tributaires de la Chine?

R. Ces états sont: 1°. le royaume de Corée; 2°. celui de Lequeyo, à l'orient.

KINGKITAO, *capitale* du premier.

Le second consiste dans plusieurs îles, dont la plus grande s'appelle LIEOU-KIEOU.

KIEN-TCHING, ville royale.

§. II.

Tartarie indépendante.

D. Quelles sont les bornes de la Tartarie indépendante?

R. Cette partie de la Tartarie, est bornée au nord par la Tartarie russe, au midi par les Indes, à l'occident par la mer Caspienne, à l'orient par la Tartarie russe et l'Empire chinois.

D. Quelles sont les principales villes de la Tartarie indépendante?

R. SAMARCAND, entre le Gihon et le Sirk, *capitale*,
BALCK, au sud, près du Gihon,
BOCHARA, sur le Gihon, à l'ouest de Samarcand,
} dans la grande Bucharie, ou pays des Usbeks.

ANDERAB, *capitale* du Tokarestan.

§. III.

De la Tartarie russe, ou Russie asiatique.

D. Où est située la Tartarie russe?

R. Au nord de la Turquie Asiatique et de l'Empire Chinois; elle comprend la Géorgie, la Circassie et la Sibérie: cette dernière se divise en deux gouvernements; ceux de Tobolsk et d'Irkutsk.

D. Quelles sont les principales villes de la Tartarie russe?

TEFLIS, *capitale* de la Géorgie, province située entre le Caucase, la mer Noire et la mer Caspienne.

AKALZIKÉ, *forteresse*, dans la même province.

TERKI, près de la mer Caspienne.	dans la Circassie.
CABARTA,	
BESINI,	
TAMAN, sur le détroit de Caffa.	

TOBOLSK, *archevêché, capitale* du gouvernement de son nom et de la Sibérie. Cette ville est au confluent du Tobol et de l'Irtis.

IÉNISEISK, sur le Ieniséa, assez grande ville.

IRKUTSK, sur l'Angara, *capitale* du gouvernement de ce nom.

IACUSTK, sur le Léna, au nord-ouest.

NERSINSK ou NIPCHOU, sur l'Amur, à l'est.

KAMTSCHATKA, *port*, au milieu environ d'une grande presqu'île de ce nom.

ARTICLE SEPTIÈME.

DES ISLES DE L'ASIE.

D. Quelles sont les principales îles de l'Asie?

R. Les îles de l'Asie peuvent se partager en sept corps d'îles, auxquelles on peut joindre l'île de Ceylan.

D. Où sont situées ces îles?

R. De ces sept corps d'îles, six sont du nord au sud; savoir :

1. Les îles voisines du Kamtschatka.
2. Les îles du Japon.
3. Les îles Mariannes.
4. Les Philippines ou Manilles.
5. Les Moluques.
6. Les îles de la Sonde.

Le septième corps d'îles est au sud-ouest de la presqu'île occidentale de l'Inde ; ce sont

Les Maldives.

Ceylan, au sud-est.

D. Quelles sont les principales îles voisines du Kamtschatka ?

R. L'île de Jéso; la partie méridionale, qui est peuplée, s'appelle Jéso-Gazima, et dépend du prince de Matssumay.

L'île des États, à l'est de la précédente.

D. Quelles sont les principales îles du Japon ?

R. Les îles du Japon forment un empire puissant : les principales îles sont :

Niphon.

Ximo-Fisen et Bongo.

Sikof, ou Tonsa.

Iedo, *capitale* de l'île de Niphon, et de tout le Japon, *port*, résidence du Kubo, c'est-à-dire, de l'Empereur temporel, idolâtre.

Méaco, résidence du Dairo ou Empereur spirituel, aussi idolâtre.

Nangasacki, *port*, *capitale* de Ximo-Fisen.

Funay, *capitale* de la province de Bongo.

Tonsa, au sud, *capitale* de Sikof ou Tonsa.

D. Quelle est la principale des îles Mariannes?

R. C'est l'île de Guahan ; elle appartient, ainsi que les autres, aux Espagnols.

D. Quelles sont les principales îles Philippines, ou Manilles?

R. Manille, ou Luçon, dont la capitale est Manille.

Mindanao, dont la capitale est MINDANAO, qu'on nomme aussi TABOUC.

D. Quelles sont les principales îles des Moluques ?

R. L'île de Célèbes, ou Macassar.

AMBOINE et BANDA sont à l'est de Macassar; Amboine est célèbre pour le clou de girofle, et Banda pour la muscade.

D. Quelles sont les principales îles de la Sonde ?

R. BORNÉO, une des plus grandes du monde.

SUMATRA, dont la longueur est d'environ trois cents lieues.

JAVA, à peu-près de la même longueur que la précédente.

Entre les deux dernières, est le fameux détroit de la Sonde. Ces îles produisent beaucoup d'épiceries.

BORNÉO, *capitale* de l'île de ce nom.

BENJARMASSEN, au sud, sur la côte des Mahométans, *capitale* du royaume de même nom.

ACHEM, *capitale* du royaume de son nom, à l'extrémité septentrionale de l'île de Sumatra.

BATAVIA, *port, capitale* de l'île de Java, aux Hollandais.

MATERAN, *capitale* du royaume de même nom.

D. Où sont situées les Maldives ?

R. Les Maldives forment une espèce de ligne endeça et au-delà de l'équateur, et sont au sud-ouest de la presqu'île occidentale de l'Inde.

D. Quelle en est la principale ?

R. L'Isle de Male, laquelle n'a cependant qu'une lieue de tour.

D. Où est située l'île de Ceylan ?

R. L'île de Ceylan est au sud-est de la presqu'île en-deçà du Gange.

D. Quelle est la principale ville de l'île de Ceylan ?

R. CANDY, *capitale* du royaume de ce nom, au milieu de l'île. Toute l'île appartient aux Anglais, qui, depuis quelques années, en ont fait le roi prisonnier, avec toute sa famille.

CHAPITRE TROISIÈ[ME]

DE L'AFRIQUE.

D. Qu'est-ce que l'Afrique?

R. L'Afrique est une des quatre parties
Elle forme une grande presqu'île, qui n'e
continent d'Asie que par une langue de te
lée isthme de Suez : elle est séparée de l'Eur
détroit de Gibraltar et la mer Méditerranée.

D. Quels sont les principaux caps de l'A

R. Elle a trois fameux caps, qui sont:

1. Le cap Vert, à l'ouest.
2. Le cap de Bonne-Espérance, au su
3. Le cap Guardafui, à l'est.

D. Quelles sont les principales montagn
que?

R. Le mont Atlas, au nord, qui trave
Barbarie, de l'ouest à l'est.

Le mont Amédée, qui sépare la Nigriti
ou désert de Barbarie.

D. Comment divise-t-on l'Afrique?

R. L'Afrique peut se diviser en trois p
rales.

I. La partie du nord, qui contient

L'Égypte, à l'Orient;

La Barbarie, à l'occident;

Le Sahara, ou grand Désert, au mid
barie.

II. La partie du milieu, qui renferme de l'

La Guinée;

La Nigritie;

La Nubie;

L'Abyssinie.

III. La partie du midi, qui comprend

Le Congo, à l'occident;

La Cafrérie pure, qui s'étend jusq
Bonne-Espérance;

La Cafrérie mélangée, qui renferm
de Zanguebar et d'Ajan.

II

L'AFRIQUE
EUROPE
ASIE
Nord
Midi
Occident
Orient
Georgie
Madrid
Lisbonne
PORTUGAL
ESPAGNE
Constantinople
TURQUIE
Smyrne
Bagdad
Bessora
Alger
Tunis
Maroc
Tafilet
Zuenziga
Targa
Lemta
Berdoa
Fassan
MER MEDITERRANÉE
Candie
Chypre
Medine
ARABIE
la Mecque
Fartach
Moca
Socotora
I. Madere
Is. Canaries
Tropique du Cancer
C. Blanc
Taubouctou ou Tombut
Is. du Cap Verd
Cap Verd
I. Goree
FOULES
JALOFES
SOUSOS
Agades
Karne
Gaoga
Gorham
Nil
NIGRITIE
Sennar
Gojam
Bagemder
Zendero
GALLES
Monts de la Lune
Mujac
Magadoxo
Brava
DAHOME
Ardre
Benin
Acanis
OCÉAN
Ligne Equinociale
I. Annobon
I. St. Mathieu
Fungeno
St. Salvador
St. Paul de Loanda
Jagas
Mombos
Abutua
Macuas
Mozambique
Mongale
Cimbebas
I. de l'Ascension
I. Ste. Helene
Ier. Meridien
Tropique du Capricorne
Canal de Mozambique
I. Madagascar
Is. Comores
I. Ste. Marie
I. Rodrigue
I. de France
I. Bourbon
Namaguas
HOTTENTOTS
Cap de Bonne Esperance
MER DES INDES
SUPPLEMENT
I. Taberca
Cap Bon
Tunis
Bastion de France
Pantelarie
Goze
Malte
Linose
Lampedouse

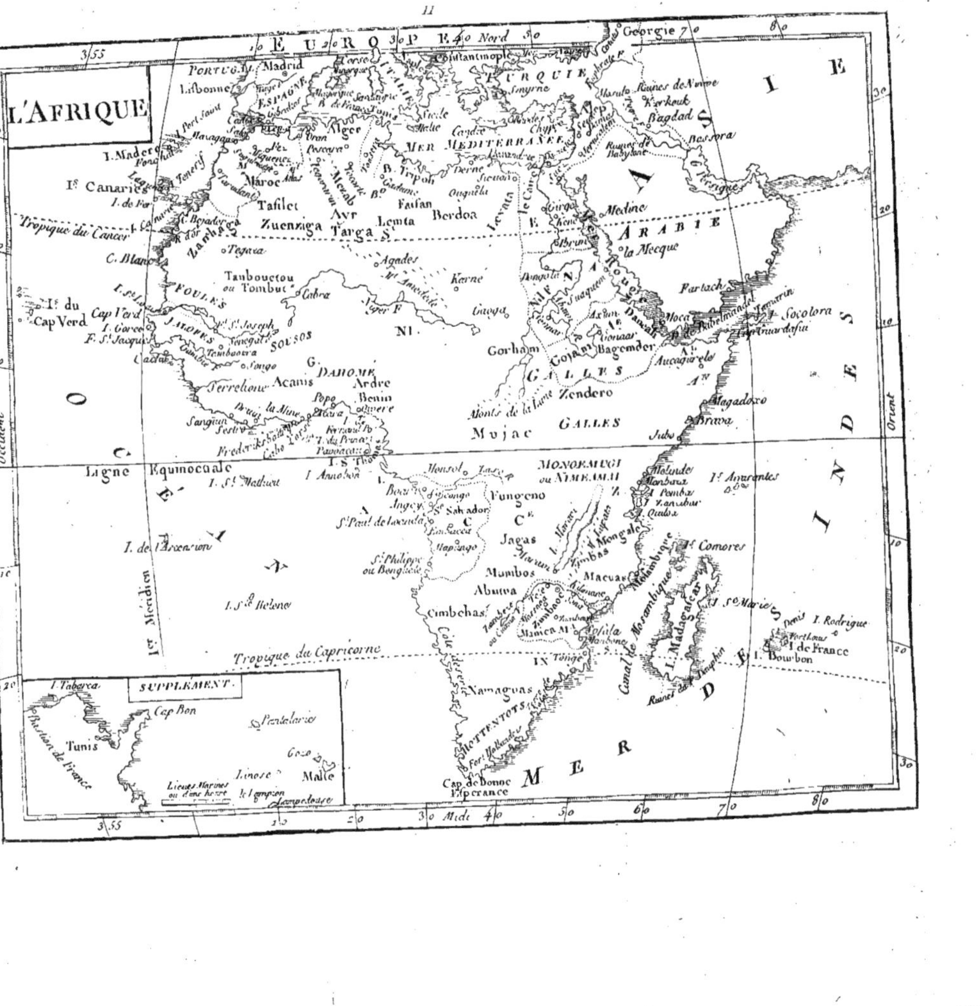

Le Congo ;

La Cafrérie pure, qui s'étend jusq
Bonne-Espérance ;

La Cafrérie mélangée, qui renferm
de Zanguebar et d'Ajan.

A ces dix parties, contenues dans les trois parties générales, il faut ajouter les îles.

D. Quels sont les principaux fleuves de l'Afrique?

R. Ses principaux fleuves sont :

Le Nil, qui se jette dans la Méditerranée, après avoir traversé l'Egypte du midi au nord-est; il fertilise par des débordements annuels et périodiques les pays qu'il parcourt.

Le Sénégal, qui se jette dans l'Océan à l'ouest.

Le Niger, qui traverse la Nigritie, de l'ouest à l'est, et se décharge dans un lac aux environs de Bornou.

Le Zaïre, qui arrose le Congo, au nord, et se jette dans l'Océan, à l'ouest.

Le Zambèse, ou Cuama, qui se décharge à l'orient dans le golfe de Sofala.

ARTICLE PREMIER.

DE L'ÉGYPTE.

D. Qu'est-ce que l'Egypte?

R. C'est un pays très fertile, quoique sablonneux; il est situé au nord-est de l'Afrique, et appartient au Grand-Seigneur, Empereur de Turquie.

D. Comment divise-t-on l'Egypte?

R. On la divise en trois parties :

1. La haute, au sud.
2. Celle du milieu.
3. Et la basse, au nord.

D. Quelles sont les principales villes de l'Egypte?

R. Girgé, *capitale* de la Haute-Egypte.

Souène, voisine du Tropique du Cancer.

Ibrim, dernière place des Turcs, qui en possèdent plusieurs sur la côte d'Abeck, qui est plus au sud.

Le Caire, sur le Nil, capitale de l'Egypte du milieu et de toute l'Egypte, résidence du pacha ou gouverneur pour le Grand-Seigneur.

Suez, qui donne le nom au fameux isthme qui joint l'Afrique à l'Asie.

ALEXANDRIE, *port* sur la Méditerranée, *capitale* de la Basse-Egypte.

ROZETTE, } aux deux embouchures du Nil.
DAMIETTE, }

ARTICLE SECOND.

DE LA BARBARIE.

D. Comment divise-t-on la Barbarie ?

R. On peut la partager en deux parties :

La Barbarie propre, au nord.

Le Biledulgérid, au sud du mont Atlas.

§. Ier.

De la Barbarie propre.

D. Que comprend la Barbarie propre ?

R. Elle comprend, de l'est à l'ouest, cinq pays :

1. Le pays de Derne ou de Barca.
2. Le royaume de Tripoli.
3. Le royaume de Tunis.
4. Le royaume d'Alger.

Ces trois royaumes sont sous la protection des Turcs.

5. Le royaume de Maroc, dont dépend celui de Fez.

D. Quelles sont les principales villes de la Barbarie propre ?

DERNE, *capitale* du pays de ce nom.

TRIPOLI, *capitale* du royaume de Tripoli, *port* sur la Méditerranée.

TUNIS, *port*, *capitale* du royaume de Tunis.

ALGER, *port*, *capitale* du royaume de ce nom.

ORAN,
LA MARCA, ou } *ports* et *villes fortes*.
MARSALQUIDIR,

FEZ, *capitale* du royaume de ce nom, qui appartient au roi de Maroc.

LARACHE, } *ports*, sur l'Océan.
SALÉ, }

MAROC, *capitale* du royaume de Maroc.

§. II.

Du Bilédulgérid.

D. Que comprend le Bilédulgérid?

R. Il comprend, de l'ouest à l'est, plusieurs pays, dont voici les villes principales.

Sus, ou Tarudan, *capitale* du royaume de Sus, au roi de Maroc, qui prend le titre d'Empereur d'Afrique.

Tafilet, *capitale* du royaume de Tafilet, sur la rivière du même nom, aussi au roi de Maroc.

Sugulmesse, sur le Ziz, *capitale* du royaume de ce nom, qui appartient aux Arabes.

Le Tegorarain et le Zab, qui suivent d'occident en orient, n'ont pas de villes remarquables.

Tonsera, *capitale* du Bilédulgérid propre, ou Géride.

Tocorte, *capitale* du royaume de ce nom, qui dépend de celui de Tunis.

Gadème, *capitale* du royaume de Gadème.

Le royaume du Faisan, ou Fezzen, et le pays pétrifié, n'ont pas de villes.

Ouguela, *capitale* du pays d'Ouguela.

Siouah, république qui relève de Tripoli.

ARTICLE TROISIÈME.

DU SAHARA ou DÉSERT DE BARBARIE.

D. Comment divise-t-on le Sahara?

R. Ce pays est divisé en plusieurs déserts, dont la plupart portent le nom de ceux qui y habitent.

Ces déserts sont, de l'ouest à l'est, ceux de

Zagaha.
Zuenziga.
Targa.
Lempta.
Berdoa.

Ces déserts n'ont pas de villes; ainsi il est inutile de s'y arrêter davantage.

ARTICLE QUATRIEME.

DE LA GUINÉE.

D. Qu'est-ce que la Guinée?

R. Une vaste contrée qui s'étend le long des côtes occidentales de la partie du milieu de l'Afrique : elle est habitée par des nègres.

D. Comment divise-t-on la Guinée ?

R. La Guinée peut se partager en septentrionale et méridionale.

D. Que comprend la Guinée septentrionale?

R. La Guinée septentrionale, qui est entre les rivières de Sénégal et de Gambie, n'a pas de villes considérables : on y remarque seulement les royaumes d'Ouale ou de Brac, des Foules ou de Galam.

Dans le premier, les Français possèdent l'île Saint-Louis, et auprès du Cap-Vert et au sud-ouest, l'île de Gorée.

D. Comment divise-t-on la Guinée méridionale ?

R. La Guinée méridionale se divise en

Malaguette,
Guinée propre,
Et royaume de Benin.

D. Que contient la Malaguette ?

R. La Malaguette a plusieurs petits royaumes ; dans celui de Sanguin on remarque

PETIT-DIEPPE, *port*.

A l'extrémité septentrionale, est le pays de Sierra-Leone, ainsi nommé des montagnes voisines, où il y a beaucoup de lions.

D. Comment divise-t-on la Guinée propre?

La Guinée propre se divise en Côte-des-Dents, parcequ'on y trouve beaucoup d'ivoire qui vient des dents d'éléphants, et Côte-d'Or, parcequ'on y ramasse de la poudre d'or.

D. Quelles sont les principales villes de la Guinée propre ?

R. La Côte-des-Dents n'a pas de villes remarquables : celles de la Côte-d'Or sont :

La Mine, au sud, *place forte* et *port*.
Cabo-Corso, *port*, aux Anglais.
Chritiansbourg, *port*, aux Danois.

D. Quelles sont les principales villes du royaume de Benin?

Benin, *capitale*, sur la rivière de Benin.

Owère, *capitale* du royaume du même nom, qui dépend de Benin.

Juda, } *capitales* des deux petits royaumes du
Ardres, } même nom, à l'ouest de Benin.

ARTICLE CINQUIEME.

DE LA NIGRITIE.

D. Où est située la Nigritie?

R. La Nigritie, ou pays des Nègres, est à l'orient et au nord de la Guinée.

D. Comment divise-t-on la Nigritie?

R. Ce pays se partage en plusieurs royaumes, dont les plus connus sont de l'ouest à l'est, ceux de

Mandigues,
Tombut,
Agadés,
Bournou.

D. Quelles sont les principales villes de la Nigritie?

R. Bambouc et Songo, principales habitations des Mandingues, peuple doux et laborieux.

Tombut, ou Tanbouctou, *capitale* du royaume de ce nom.

Agadés, *capitale* du royaume de ce nom.

Bournou, *capitale* du royaume de ce nom, appelé Karné par M. Danville.

ARTICLE SIXIÈME.

DE LA NUBIE.

D. Qu'est-ce que la Nubie?

R. La Nubie est un grand royaume, situé à l'est de

la Nigritie. Le Nil le traverse du sud au nord : il abonde en or, en musc, en ivoire et en cannes à sucre.

D. Quelles sont les principales villes de la Nubie?

R. SENNAAR, sur le Nil, *capitale* de tout le royaume.

DONGOLA, sur le Nil, *capitale* du royaume de son nom, tributaire du roi de Nubie.

ARTICLE SEPTIEME.

DE L'ABYSSINIE.

D. Qu'est-ce que l'Abyssinie?

R. C'est un pays situé au sud-est de la Nubie ; il se partage en plusieurs royaumes ou provinces ; la *capitale* est GONDAR ; l'empereur se nomme le *Grand-Negus*.

La côte d'Abeck, qui est le long de la mer Rouge, est partagée entre le Turc, qui a le nord, et le roi de Dancali, qui a la partie du midi.

SUAQUEM, *port*, sur la mer Rouge, au nord, est au Turc.

ARTICLE HUITIEME.

DU CONGO.

D. Comment divise-t-on le Congo?

R. Le Congo se divise en plusieurs royaumes, dont les principaux sont, du nord au sud :

Loango,
Congo,
Angola,
Benguela.

D. Quelles sont les principales villes du Congo?

R. LOANGO, *capitale* du royaume de ce nom.

SAN-SALVADOR, *évêché*, *capitale* du royaume de Congo et de la province de Bamba ; les autres provinces de ce royaume sont Sogno, Sandy, Pango, Batta et Pemba, dont les capitales portent les mêmes noms.

Les Portugais font presque tout le commerce dans ce royaume.

SAINT-PAUL-DE-LOANDA, *évêché, capit.* du royaume d'Angola.

MAPUNGO, résidence du roi d'Oarii, ou de Dongo, royaume situé dans la partie orientale.

BENGUELA, ou SAINT-PHILIPPE, *capit.* du royaume de Benguela.

ARTICLE NEUVIEME.

DE LA CAFRERIE PURE.

D. Qu'est-ce que la Cafrerie pure?

R. C'est un vaste pays inculte, et habité par des peuplades fort grossières.

D. Comment divise-t-on la Cafrerie pure?

R. On peut la partager en trois parties:

La septentrionale, qui contient tous les pays qui sont au milieu de l'Afrique.

La méridionale, où est le cap de Bonne-Espérance.

Et l'orientale, qui contient les états du Monomotapa.

D. Que contient la partie septentrionale?

R. Elle contient plusieurs royaumes, dont on ne connoît guère que les noms; ce sont ceux de:

Mujac, } à l'orient du royaume de Benin.
Biafara, }

Gingiro, ou Gingirbomba, près de l'Abyssinie.

Macoco, ou Anzico, au nord-est de Congo.

Monoémugi, ou Niméamaie, et plusieurs autres.

D. Par qui est habitée la partie méridionale?

R. Ce pays est habité par divers peuples auxquels on a donné le nom général de *Hottentots*.

D. Quelle ville remarquable trouve-t-on dans cette partie de la Cafrerie pure?

R. LE CAP-DE-BONNE-ESPÉRANCE, ville et *port* fameux, où abordent presque tous les vaisseaux qui vont aux Indes orientales et en reviennent. Il appartient aux Anglais.

D. Comment divise-t-on les états du Monomotapa?

R. Les états du Monomotapa, qui forment la partie orientale, se divisent en cinq royaumes, du nord au sud :

1. Le royaume de Monomotapa propre.
2. Le royaume de Manica.
3. Le royaume de Sofala, ou de Quitevé.
4. Le royaume de Sabia.
5. Le royaume d'Imhambane.

D. Quelles sont les villes principales du Monomotapa ?

Zambacé, résidence du roi du Monomotapa.

Manica, *capitale* du royaume de ce nom.

Sofala, près l'embouchure de la rivière de ce nom, aux Portugais.

Manboné, *capitale* du royaume de Sabia, au sud de celui de Sofala, près la mer.

Tonge, *capitale* du royaume d'Imhambane, vers l'embouchure de la rivière de Manica, ou du Saint-Esprit.

Inhaqua, *fort* aux Portugais, au midi.

ARTICLE DIXIÈME.

DE LA CAFRERIE MÉLANGÉE.

D. Qu'est-ce que la Cafrerie mélangée ?

R. C'est un pays qui occupe toute la côte orientale de l'Afrique, et qui est appelé ainsi parcequ'il est habité par des Cafres, c'est-à-dire, infidèles, mêlés d'Arabes, à la différence de la Cafrerie pure, où il n'y a que des Cafres.

D. Comment divise-t-on la Cafrerie mélangée ?

R. On la divise en deux parties :

1. Le Zanguebar, qui s'étend depuis le golfe de Sofala jusqu'à l'équateur.
2. La côte d'Ajan, qui commence à l'équateur, et finit au cap de Guardafui.

§. Ier.

Du Zanguebar.

D. Quels sont les pays contenus dans le Zanguebar ?

R. Le Zanguebar comprend, du sud au nord, les royaumes de

Mozambique,
Moruca,
Mongale,
Quiloa,
Monbaze,
Mélinde.

D. Quelles en sont les principales villes?

MOZAMBIQUE, *capitale* de l'île de ce nom, *port*, aux Portugais.

Le roi de Mozambique, qui habite dans les terres, est mahométan.

Le royaume de Moruca n'a pas de villes: la résidence du roi est vis-à-vis l'île de Mozambique.

MONGALE, sur la Mona, *capitale* du royaume de ce nom.

QUILOA, dans l'île de ce nom, a été abandonné par les Portugais au roi de Quiloa, qui habite sur la côte, dans une autre ville nommée le Vieux Quiloa, pour le distinguer de l'autre.

MONBAZE, *capitale* du royaume de ce nom, dans l'île de Monbaze.

MELINDE, *port*, *capitale* du royaume de Mélinde.

LAMO, AMPAZÉ, PATÉ,	Isles au nord de Mélinde, qui ont des princes tributaires des Portugais.

§. II.

De la côte d'Ajan.

D. Quels sont les principaux états de la côte d'Ajan?

Ses principaux états, du sud au nord, sont:

La république de Brava.
Le royaume de Magadoxo.
Le royaume d'Adel.

D. Quelles en sont les principales villes?

R. BRAVA, *capitale* de la république de son nom, tributaire des Portugais.

MAGADOXO, *capitale* du royaume du même nom, *port*, à l'embouchure du Magadoxo.

ANÇAGURELLE, *capitale* du royaume d'Adel.

ZEILA, } *ports*, sur la mer Rouge.
BARBORA, }

ARTICLE ONZIÈME.

DES ISLES DE L'AFRIQUE.

D. Où sont situées les îles de l'Afrique?

R. Les unes sont dans la mer des Indes, à l'orient de l'Afrique, et les autres dans l'Océan, à l'occident.

§. Ier.

Des îles à l'orient de l'Afrique.

D. Quelles sont les principales îles à l'orient de l'Afrique?

R. Madagascar, une des plus grandes îles du monde, séparée de l'Afrique par le canal de Mozambique; elle n'a pas de villes considérables, mais on y voit deux ports principaux.

L'île Bourbon, à la France.

L'île de France, cédée par la France aux Anglais.

Les îles de Comorre, dans le canal de Mozambique.

Socotora.

SAINT-VINCENT, à l'ouest.
LE PORT-AUX-PRUNES, à l'est,

et trois caps,

SAINT-SÉBASTIEN, au nord,
SAINT-ROMAIN, au sud,
SAINT-ANDRÉ, à l'ouest.

L'île de Bourbon, l'île de France, sont à l'est de Madagascar; la première est à la France, et la seconde aux Anglais.

Les îles de Comorre, qui sont au nord-ouest de Madagascar, ont de petits princes, tributaires des Portugais.

Tamarin, *capitale* de l'île de Socotora, qui appartient à un roi tributaire de celui de Fartac, dans l'Arabie heureuse.

§. II.

Des îles à l'occident de l'Afrique.

D. Quelles sont les plus remarquables de ces îles ?

R. Les plus remarquables sont, du nord au sud, Madère, celèbre par ses vignobles.

Les îles Canaries, au nombre de sept, anciennement îles Fortunées.

Les îles du Cap-Vert, au nombre de dix.

Saint-Thomas, autre que celle des Antilles, qui appartient aux Danois.

Et les îles près de la ligne, dont la plus remarquable est Ste.-Hélène.

D. Quelles en sont les villes principales?

R. Fonchal, *évêché*, aux Portugais, *capitale* de l'île de Madère.

Canarie, *évêché*, *capitale* de toutes les Canaries, et en particulier de l'île de son nom, fertile en bons vins ; aux Espagnols, ainsi que la suivante.

Laguna, *capitale* de l'île de Ténériffe, résidence du gouverneur.

Ribeira, *évêché*, *capitale* de l'île de San-Iago, principale des îles du Cap-Vert, aux Portugais.

Provoaçan, *évêché*, *capitale* de l'île Saint-Thomas, aux Portugais.

Les autres îles n'ont pas de villes remarquables.

CHAPITRE QUATRIÈME.

DE L'AMÉRIQUE.

D. Qu'est-ce que l'Amérique ?

R. L'Amérique est la quatrième partie du monde.

C'est un vaste continent, baigné à l'orient par la mer du Nord, et à l'occident par la mer du Sud. Ce continent, qui a été découvert sur la fin du quinzième siècle par Christophe Colomb, a reçu son nom d'*Amé-*

ric-Vespuce, Florentin, à qui on en attribua faussement la découverte; on l'appelle aussi *Nouveau Monde* et *Indes occidentales.*

D. Comment divise-t-on l'Amérique?

R. La nature elle-même semble avoir partagé l'Amérique en deux grandes portions, savoir :

1. L'Amérique septentrionale.
2. L'Amérique méridionale.

Ces deux portions sont jointes par l'isthme de Panama.

D. Quelles sont les productions de l'Amérique?

R. L'Amérique est fertile en tout ce qui est nécessaire à la vie, surtout sa partie méridionale : elle produit quantité de plantes, de fruits et d'animaux inconnus en Europe.

D. Quels sont les principaux golfes de l'Amérique?

R. Ses principaux golfes sont ceux de Saint-Laurent et du Mexique : tous les deux sont dans l'Amérique septentrionale, le premier au nord et le second au sud.

D. Quels sont les caps les plus célèbres?

R. Il y en a trois, deux dans l'Amérique septentrionale.

1. Le cap Breton, à l'entrée du golfe Saint-Laurent.
2. Le cap de la Floride, dans le golfe du Mexique,

Et un dans l'Amérique méridionale, le cap de Saint-Augustin, sur les côtes du Brésil.

D. Quels sont les fleuves les plus considérables de l'Amérique?

R. On en compte quatre principaux, deux dans l'Amérique septentrionale,

1. Le fleuve Saint-Laurent, qui se décharge dans le golfe qui porte son nom.

2. Le Mississipi, qui se décharge dans le golfe du Mexique, après avoir traversé la Louisiane d'un bout à l'autre.

Et deux dans l'Amérique méridionale,

3. Le fleuve des Amazones, qui la traverse d'occident en orient, et se jette dans la mer entre la Guyane et le Brésil : c'est le plus grand fleuve du monde.

12.
L'AMÉRIQUE
SEPTENTRIONALE
ASIE
Mer d'Anadir
St. de Béring
Det. du Nord
NOUVELLES DÉCOUVERTES
Cercle Polaire Arctique
Baye de Baffin
GROENLAND
MER DU NORD
Cap Farewel
I. de Bonne Fortune
I. de la Résolution
Banc de Terreneuve
Esquimaux
F. d'Yorck
Baye d'Hudson
Grand Lac
N. G.
ESQUIMAUX
Saguenay
Quebec
Algonquins
Boston
I. Royale
Lac Rouge
R. de l'Ouest
Cap Blanc
C. Mendocin
Port de Drake
Nle ALBION
Quivira
N. M.
Toguayo
Ste Fé
Apaches
Panis
Sioux
Missisipi F.
Mascoutins
Illinois
Cherakis
Quadodaquioux
Natches
Chakas
N. Orleans
Chicacas
Charles-T.
Bahama
Lucayes
Ie. Bermudes
T. du Cancer
MER DU SUD
GOLFE DU MEXIQUE
I. CUBA
la Jamaïque
St. Domingue
I. ANTILLES
G. de Honduras
MEXICO
Guadalajara
Durango
Cap de St. Lucas
Compostelle
Acapulco
Guatimala
V. M.
G. de Darien
Carthagene
TERRE FERME
Panama
SUPPLÉMENT aux Isles Antilles
les Vierges
St. Thomas
Ste. Croix
Saba
St. Eustache
St. Christophe
l'Anguille
St. Martin
St. Barthelemi
la Barboude
Antigoa
Desirade
la Guadeloupe
les Saintes
Marie Galande
la Dominique
la Martinique
Ste. Lucie
St. Vincent
la Barbade
la Grenade
Tabago
Lieues Marines ou d'une heure
Nord
Midi
200
210
220
230
270
310
320
330
340
350
240
250
260
280
290
300
310

4. Le fleuve de la Plata, qui a son embouchure dans la mer, à Buénos-Aires, au sud-est.

D. Quels sont les principaux lacs de l'Amérique ?

R. Il y a dans l'Amérique septentrionale, cinq grands lacs, qui se rendent les uns dans les autres; et ensuite dans le fleuve Saint-Laurent; ce sont :

1. Le lac Supérieur.
2. Le lac Michigan.
3. Le lac Huron.
4. Le lac Erié.
5. Le lac Ontario.

D. Quelles sont les montagnes les plus considérables de l'Amérique ?

R. Les chaînes de montagnes les plus considérables de l'Amérique sont dans l'Amérique méridionale, savoir :

Les Cordilières, ou les Andes, dans le Pérou et le Chili, à l'ouest.

Les Cordilières du Brésil, à l'est.

ARTICLE PREMIER.

DE L'AMÉRIQUE SEPTENTRIONALE.

D. Comment divise-t-on l'Amérique septentrionale ?

R. On peut la diviser en six parties.

1. Le Canada et la Louisiane.
2. Les Etats-Unis de l'Amérique, au sud-est, et au nord du Canada.
3. La presqu'île de la Floride.
4. Le Mexique ou Nouvelle-Espagne.
5. Le Nouveau Mexique, au nord de la Nouvelle Espagne, qui appartient aussi aux Espagnols.
6. Les nouvelles découvertes, à l'ouest et au nord du Canada.

A ces six parties, il faut ajouter les îles.

§. Ier.

Du Canada et de la Louisiane.

D. Qu'est-ce que le Canada et la Louisiane?

R. On appelle ainsi deux vastes contrées de l'Amérique septentrionale, qu'on comprenoit autrefois, sous le nom de *Nouvelle France*, parcequ'elles ont été longtemps possédées par les Français. Le Canada a été cédé aux Anglais en 1763, et la Louisiane appartient aujourd'hui aux Etats-Unis.

D. Quelles sont les principales villes du Canada?

R. QUEBEC, *capitale*, sur la rivière de Saint-Laurent, résidence du gouverneur.

MONTRÉAL, sur la même rivière, où les Sulpiciens ont un séminaire.

D. Quelle est la principale ville de la Louisiane?

R. LA NOUVELLE-ORLÉANS, *capitale*, vers l'embouchure du Mississipi, mal peuplée.

§. II.

États-Unis d'Amérique.

D. Q'entendez-vous par les Etats-Unis d'Amérique?

R. Ce sont des Etats composés d'un certain nombre de provinces indépendantes, et réunies entre elles par un lien commun. C'étoient auparavant des colonies anglaises, qui s'affranchirent en 1783 du joug de la Grande-Bretagne.

D. Quel est le gouvernement des Etats-Unis?

R. C'est un gouvernement démocratique, composé d'une chambre de représentants des provinces, d'un sénat, d'un président et d'un vice-président. On donne le nom de *congrès* aux deux chambres. Ce congrès fait les lois, et le président veille à leur exécution, et entretient les relations avec les puissances étrangères.

D. De combien de provinces se composent ces Etats?

R. De dix-huit provinces principales, du nord au sud : voici les noms de ces provinces, qui se divisent en comtés :

PROVINCES.	VILLES PRINCIPALES.
NEW-HAMPSHIRE,	*Portsmouth.*
MASSACHUSSET,	*Boston, port*, sur une baie.
RHODE-ISLAND,	*Providence*, sur la rivière du même nom.
CONNECTICUT,	*Hartfort*, jolie ville.
NEW-YORCK,	*New-Yorck*, dans une île, avec un *port*.
NEW-JERSEY,	*Elisabeth-Town.*
PENSYLVANIE,	*Philadelphie*, siége d'une *université.*
DELAWARE,	*New-Castle.*
MARYLAND,	*Annapolis*, jolie ville.
VIRGINIE,	*Richmond*, idem.
CAROLINE septentrionale,	*Raleig.*
CAROLINE méridionale,	*Columbia.*
GÉORGIE (la Nouvelle),	*Louisville.*
VERMONT,	*Bennington*, petite ville.
KENTUKEY,	*Francfort*, belle ville.
MAIN,	*Portland*, jolie ville.
TENESSÉE,	*Knoxville.*
TERRITOIRE du nord-ouest,	*Wasington*, où s'assemble le congrès.

§. III.

De la Floride.

D. Qu'est-ce que la Floride?

R. C'est une grande presqu'île où les Espagnols possèdent deux forteresses.

SAINT-AUGUSTIN, à l'est.

PENSACOLA, à l'ouest, sur le golfe du Mexique.

Le reste de la presqu'île est habité par des sauvages.

§. IV.

Du Mexique ou de la Nouvelle-Espagne.

D. Comment partage-t-on le Mexique?

R. On le partage en trois audiences royales, chacune divisée en plusieurs provinces : les trois audiences sont celles de Mexico, Guadalajara et Guatimala, noms de leurs capitales.

D. Quelles sont les principales villes de l'audience de Mexico?

R. Mexico, *archevêché*, *capitale* de toute la Nouvelle-Espagne, et de la province et de l'audience de Mexico.

Mechoacan, *capitale* de la province du même nom.

Mérida, *évêché*, *capitale* de l'Yucatan, presqu'île qui s'avance dans le golfe du Mexique.

Tabasco, sur le golfe du Mexique, *capitale* de la province de Tabasco.

Panuco de Guasteca, ou Panuco, au nord-est de Mexico, *capitale* de la province de Guasteca.

Tlascala, à l'est de Mexico, *capitale* de la province de Tlascala.

La Vera-Crux, *port*, sur le golfe du Mexique.

Guaxaca, au sud-est de Tlascala, *capitale* de la province de Guaxaca.

D. Quelles sont les principales villes de l'audience de Guadalajara?

R. Guadalajara, *évêché*, *capitale* de la deuxième audience et de la province du même nom.

Cinaloa, près de la mer Vermeille, *capitale* de la province de Cinaloa.

Culiacan, *capitale* de la province de ce nom.

Compostelle, *capitale* de la province de Xalisco.

Sainte-Barbe, *capitale* de la Nouvelle-Biscaye.

Monterey, *capitale* de la Californie, grande presqu'île le long de la mer Vermeille; elle dépend de l'audience de Guadalajara.

D. Quelles sont les principales villes de l'audience de Guatimala?

R. GUATIMALA, *évêché, capitale* de la troisième audience et de la province de son nom.

CHIAPA, au nord-ouest de Guatimala, *capitale* de la province de Chiapa.

VALLADOLID, *évêché, capitale* de la province de Honduras, sur le golfe du même nom.

SAINT-LÉON-DE-NICARAGUA, *évêché, capitale* de la province de Nicaragua.

CARTHAGO, *évêché, capitale* de la province de Costarica.

§. V.

Du Nouveau Mexique.

D. Qu'est-ce que le nouveau Mexique?

R. C'est un pays situé au nord de la Nouvelle-Espagne, et qui est peuplé d'idolâtres ou de sauvages sans religion, mais assez dociles.

D. Quelle en est la ville principale?

R. SANTA-FÉ, au nord, *capitale*, près la rivière de Norte, qui se jette dans le golfe du Mexique, au sud-est.

D. Comment nomme-t-on les parties du nouveau Mexique qui sont à l'ouest sur la mer Vermeille?

R. Elles se nomment la Nouvelle-Navarre et le Sonora; elles n'ont point de places importantes.

§. VI.

Des nouvelles découvertes à l'ouest et au nord du Canada.

D. En quoi consistent les nouvelles découvertes sur les côtes nord-ouest de l'Amérique septentrionale?

R. Elles consistent, 1°. dans celles de la côte au nord de la Californie, de la nouvelle Albion, et des contrées au nord du nouveau Mexique;

2°. Dans celles de la nouvelle Géorgie, de la nouvelle Hanovre, du nouveau Cornouailles, et des îles voisines;

3°. Dans celles du continent, depuis la baie de Behring jusqu'au détroit du même nom, et au-delà, et celles des îles Aléoutiennes et autres.

Les premières forment la partie Espagnole, les secondes la partie Anglaise, les troisièmes la partie Russe.

D. Dites ce que vous savez du fameux détroit de Behring, dans l'Amérique russe?

R. Ce détroit, situé vers la partie la plus septentrionale de l'Amérique, du côté de l'ouest, n'a que treize lieues de large; il sépare l'Asie septentrionale-orientale de ce vaste continent. Il est ainsi nommé du nom du navigateur qui en a fait la découverte.

D. Qu'est-ce que le Groënland?

R. Le Groënland est un vaste pays encore inconnu, et situé entre l'Europe et l'Amérique; l'air y est si froid que la mer y gèle. La côte occidentale est occupée par quelques factoreries danoises.

Comme tous ces pays n'ont pas de villes, nous ne nous y arrêterons pas davantage.

§. VII.

Des îles de l'Amérique septentrionale.

D. Quelles sont les principales îles de l'Amérique septentrionale?

R. Les principales îles de l'Amérique septentrionale, sont:

Les îles du golfe Saint-Laurent,
Les Açores,
Les Lucayes,
Les Antilles.

D. Quelles sont les principales îles du golfe Saint-Laurent.

R. L'île de Terre-Neuve, *capitale* PLAISANCE; l'île Royale, ou du cap Breton, *capitale* LOUISBOURG.

D. Quelle est la principale des Açores?

R. Tercères, dont la *capitale* est ANGRA.

D. Quelles sont les principales Lucayes?

R. Bahama, aux Anglais.

La Providence, aux mêmes.

1. La Terre-Ferme ou Castille-d'Or, au nord.

2. Le Pérou, } à l'ouest.
3. Le Chili, }

4. Le pays des Amazones, dans le milieu.

L'AMÉRIQUE
MÉRIDIONALE
Mer du Nord
Mer du Sud
Golfe de Panama
Ligne Equinoctiale
Tropique du Capricorne
Is. Antilles
Curacao
Carthagene
Portobelo
Ste. Fe. de Bogota
Popayan
Esmeralda
I. Galapes
Quito
Baeza
Jaen
Truxillo
le Callao
Lima
Cusco
Arequipa
la Paz
Ste. Croix
la Plata
Potosi
Cordillere ou les Andes
Suriman
Cayene
Middelbourg
I. de la Trinite
Para
S. Louis de Maragnan
Tapuyes
Tupinambas
Tupiques
San Salvador
Baye de tous les Saints
Porto Seguro
Spiritu Santo
Rio Janeiro
S. Sebastien
S. Paul
S. Vincent
Chaco
l'Assomption
Villa Rica
Ciudad Real
Buenos Aires
R. de la Plata
Colonia do Sacramento
Is. de Juan Fernandes
S. Yago
Mendoça
Cuyo
la Conception
Imperiale
I. de Chiloe
Patagons
Is. Malouines ou Falkland
Magellan
Det. de le Maire
Terre de Feu
Cap de Horn
Nord
Midi

Guanahani ou Saint-Sauveur ; elles n'ont pas de villes.

D. Comment partage-t-on les Antilles ?

R. On les partage en grandes et en petites.

Les grandes sont :

Cuba, aux Espagnols ; La Havane, *capitale*, *port de mer ;* SAN-IAGO, *évêché.*

La Jamaïque, aux Anglais ; SPANISH-TOWN, *capitale.*

Saint-Domingue, qui se divise en deux parties, l'orientale et l'occidentale. La première est aux Espagnols, *capitale*, SAN-DOMINGO. La seconde appartient aux Français, *capitale*, le CAP-FRANÇAIS. Toute cette île est au pouvoir des Nègres, depuis 1792.

Porto-Rico ; SAINT-JEAN-DE-PORTO-RICO, *capitale.*

D. Quelles sont les plus remarquables des petites Antilles ?

R. La Martinique ; le FORT-ROYAL, *capitale*,
La Guadeloupe ; POINTE-A-PITRE, *capitale*, } aux Français.

Marie-Galante,
Saint-Christophe,
La Barbade, } aux Anglais.

Curaçao ou Curacou, près la Terre-Ferme, aux Hollandais.

La Marguerite, aux Espagnols.

La Trinité, grande île, aux Anglais.

ARTICLE SECOND.

DE L'AMÉRIQUE MÉRIDIONALE.

D. Comment divise-t-on l'Amérique méridionale?

R. L'Amérique méridionale se divise en huit parties principales :

1. La Terre-Ferme ou Castille-d'Or, au nord.
2. Le Pérou,
3. Le Chili, } à l'ouest.
4. Le pays des Amazones, dans le milieu.

5. Le Brésil, } à l'orient.
6. La Guyane, }
7. Le Paraguay, ou la province de Rio-de-la-Plata, } au sud.
8. La Terre-Magellanique, }

§. Ier.

De la Terre-Ferme.

D. Où est située la Terre-Ferme ?

R. Elle occupe la partie nord de l'Amérique méridionale.

D. Comment divise-t-on la Terre-Ferme ?

R. La Terre-Ferme se divise en neuf provinces ou petits gouvernements ; sept au nord, d'occident en orient, et deux au midi.

D. Quelles sont les principales villes des provinces du nord de la Terre-Ferme ?

R. SAN-IAGO-AL-ANGEL, ville principale de la province de Veragua.

PANAMA, *évêché*, *port*, *capitale* de la province de ce nom, audience royale, sur l'isthme de ce nom.

PORTO-BELLO, sur le golfe du Mexique, fameux *port*, à onze lieues de Panama, dans la même province.

CARTHAGÈNE, *évêché*, *port*, *capitale* de la province du même nom : pop. 50,000 hab.

SAINTE-MARTHE, *évêché*, *port*, *capitale* de la province de Sainte-Marthe.

RIO-DE-LA-HACHA, *capitale* de la province de ce nom.

VENEZUELA ou CORO, *évêché*, *capitale* de la province de Vénézuela et de la côte de Caracas.

COMANE, ou CUMANA, *capitale* de la nouvelle Andalousie.

D. Quelles sont les principales villes des provinces du midi ?

R. SANTA-FÉ-DE-BOGOTA, *archevêché*, *capitale* de la nouvelle Grenade.

POPAYAN, au sud-ouest, *évêché*, *capitale* du Popayan.

§. II.

Du Pérou.

D. Où est situé le Pérou ?

R. Il est situé au midi du Popayan, et s'étend le long de la mer du Sud.

D. Comment divise-t-on le Pérou?

R. On le divise en trois gouvernements ou audiences royales, qui sont du nord au midi.

1. Quito,
2. Los-Reyes ou Lima,
3. Los-Charcas.

D. Quelles sont les principales villes de l'audience de Quito ?

R. QUITO, *évêché*, *capitale* de sa province, et de l'audience de son nom : pop. 50,000 hab.

GUAYAQUIL, *port* et *capitale* d'une province de ce nom.

D. Quelles sont les principales villes de l'audience de Los-Reyes ou Lima ?

R. LIMA, *archevêché*, *capitale* de tout le Pérou, et de la province et de l'audience de Lima ; c'est une des plus riches villes du monde.

TRUXILLO, *évêché*, au nord-ouest de Lima, et à trois-quarts de lieue de la mer.

CUSCO, au sud-est ; c'est la plus ancienne ville du Pérou.

GUAMANCA, entre Lima et Cusco ; nulle ville du Pérou n'a de plus beaux édifices ; *évêché*.

AREQUIPA, au sud-est de Lima, sur la côte ; ville fort belle et très peuplée, *évêché*.

D. Quelles sont les principales villes de l'audience de Los-Charcas ?

R. LA PLATA, *archevêché*, *capitale* de l'audience de Los-Charcas : pop. 14,000 hab.

POTOSI, près la Plata, fameuse par les mines inépuisables d'argent, situées dans son territoire : populat. 100,000 hab.

§. III.

Du Chili.

D. Où est situé le Chili ?

R. Le Chili est situé au midi du Pérou, le long d la mer Pacifique.

D. Comment divise-t-on le Chili ?

R. On le divise en trois provinces :

1. Chili propre,
2. Impériale ou nouveau Chili,
3. Chicuito ou Cuyo.

D. Quelles sont les principales villes du Chili ?

R. San-Iago, *évêché*, *capitale* de tout le Chili e du Chili propre : pop. 30,000 hab.

La Nouvelle Conception, *évêché*, *capitale* de l'Impériale.

Impériale, *évêché*, *port*.

Mendoza, ville principale du Chicuito ou Cuyo.

§. IV.

Du Pays des Amazones.

D. Où est situé le pays des Amazones ?

R. Le pays des Amazones est situé à l'orient du Pérou.

D. D'où lui vient ce nom ?

R. Il est appelé ainsi du fleuve des Amazones, qu le traverse.

D. Y a-t-il des villes dans ce pays ?

R. Non : il n'y a pas de villes ; mais des villages espagnols et portugais le long du fleuve. Ceux des Espagnols sont à l'ouest, et ceux des Portugais sont à l'est : ces derniers commencent un peu au-dessous de l'embouchure du Yavari, dans le fleuve des Amazones.

§. V.

Du Brésil.

D. Qu'est-ce que le Brésil ?

R. On comprend sous le nom de Brésil, la région la llus orientale de l'Amérique méridionale ; il apparient aux Portugais. Il vient d'être érigé en royaume sar le nouveau roi de Portugal, qui y fait sa résience depuis 1807.

D. Comment divise-t-on le Brésil ?

R. On le divise en quinze gouvernements, ou capiaineries.

Trois sur la côte septentrionale, et douze sur l'oientale, du nord au sud.

D. Quelles sont les principales villes des capitaineies de la côte septentrionale ?

R. PARA, *évêché*, *capitale* de la capitainerie de ara : pop. 12,000 hab.

MARAGNAN, *évêché*, *capitale* de la capitainerie de ce om : pop. 15,000 hab.

SIARA, *capitale* de la capitainerie de ce nom.

D. Quelles sont les principales villes des capitaineies de la côte orientale ?

R. NATAL-LOS-REYES, à l'embouchure de Riorande, *capitale* de la capitainerie de Rio-Grande.

PARAÏBA, *capitale* de la capitainerie de ce nom.

TAMARACA, *capitale* de la capitainerie de Tamaica.

OLINDE ou FERNAMBOUC, *évêché*, *capitale* de la ipitainerie de Fernambouc : pop. 20,000 hab.

SÉRÉGIPPE, *port*, *capitale* de la capitainerie de Séréippe ou Bahia.

SAN-SALVADOR, *place forte*, *archevêché*, *capitale* de capitainerie de la baie de Tous-les-Saints : popul.),000 hab.

VILLA-SAN-GEORGIO, *capitale* de la capitainerie de io-dos-Ilheos.

PORTO-SEGURO, *capitale* de la capitainerie de ce nom.

SPIRITU-SANTO, *capitale* de la capitainerie de ce om.

SAINT-SÉBASTIEN, *évêché*, *capitale* de la capitainerie Rio-Janeïro.

RIO-JANEÏRO, *capitale* du royaume et résidence du i.

Saint-Vincent, *capitale* de la capitainerie de Sain Vincent.

Saint-Paul, *évêché*, au nord-ouest de Saint-Vincent, autrefois république de brigands, mais subjunuée depuis par les Portugais : dans la même capitainerie.

Colonia-do-Sacramento, dans la province del Rey qui s'étend depuis Saint-Vincent jusqu'à l'embouchure de Rio-de-la-Plata, au nord des îles Saint-Gabriel, qu appartiennent aux Espagnols.

§. VI.

De la Guyane.

D. Qu'est-ce que la Guyane?

R. La Guyane est une vaste contrée, située entre la rivière des Amazones et celle de l'Orénoque : cette dernière la sépare de la Castille-d'Or ou Terre-Ferme

D. Que comprend la Guyane?

R. La Guyane comprend plusieurs établissement que les Européens y ont formés, entr'autres les Espagnols, les Français et les Hollandais.

D. Quelles sont les principales villes de la Guyane

R. Saint-Thomas, aux Espagnols.

Cayenne, dans l'île de ce nom, aux Français.

Paramaribo, dans la colonie de Surinam, aux Hollandais.

§. VII.

Du Paraguay.

D. Où est situé le Paraguay?

R. Le Paraguay est situé à l'orient du Pérou et d Chili, à l'occident du Brésil, au nord des terres Magellaniques.

D. En combien de provinces divise-t-on le Paraguay?

R. On divise le Paraguay en sept provinces.

D. Quelles sont les villes principales du Paraguay

R. Villa-Rica, *capitale* du Paraguay propre, qui occupe les deux côtés de la rivière du même nom.

Ciudad-Réal, *capitale* de la province de Guairia, à l'orient de celle du Paraguay.

L'Assomption, *évêché, capitale* de la province de Rio-de-la-Plata; mal peuplée.

Buenos-Aires, *évêché*, à soixante-dix lieues de l'embouchure du fleuve de Rio-de-la-Plata, dans la même province: pop. 40,000 hab.

Monte-Video, ville sur la Plata, à vingt lieues de son embouchure.

San-Salvador, *capitale* de la province d'Uraguay, ou Urvaig, à laquelle la rivière d'Urvaig donne son nom.

San-Jago-del-Estero, *évêché, capitale* du Tucuman.

Les deux autres provinces, savoir celles de Chaco et de Parana n'ont pas de villes.

La province de Parana, le long de la rivière de ce nom, est habitée par des naturels du pays, que les Jésuites ont civilisés et qu'ils ont gouvernés jusqu'à la destruction de leur ordre.

Le Paraguay appartient aux Espagnols.

§. VIII.

De la Terre Magellanique.

D. Qu'est-ce que la terre Magellanique?

R. On comprend sous ce nom, la grande région qui est à l'extrémité de l'Amérique méridionale.

D. D'où lui vient son nom?

R. Elle est appelée ainsi de Magellan, qui l'a découverte en 1520: elle appartient aux Espagnols, et n'a pas de villes.

D. Par qui est-elle habitée.

R. Par des peuples sauvages, d'une haute stature, qu'on nomme Patagons.

ARTICLE TROISIÈME.

Des Terres Polaires et des Terres Australes.

D. Qu'entendez-vous par Terres Polaires?

R. On appelle Terres Polaires Arctiques, celles qui sont vers le pôle arctique; et celles qui sont vers le pôle antarctique, se nomment Terres Polaires Antarctiques, ou Australes.

D. Quel autre nom donnoit-on à ces pays?

R. Les anciens Géographes appeloient aussi ces parties du globe, *Monde inconnu*, parcequ'en effet on en connoissoit à peine les côtes.

D. Quelles sont les Terres Polaires Arctiques?

R. Les Terres Polaires Arctiques sont, le SPITZBERG, au nord de l'Europe, ainsi nommé, à cause des montagnes dont il est rempli:

La nouvelle Zemble, ou nouvelle Terre, au nord de l'Asie.

D. Quelles sont les Terres Polaires Antarctiques?

R. La Terre de Feu, grand archipel au sud de l'Amérique, dont elle est séparée par le détroit de Magellan.

Les îles Malouines:

Les îles Sandwich:

La nouvelle Zélande.

D. Qu'entendez-vous par Terres Australes?

R. On appelle ainsi plusieurs îles, situées dans la grande mer du Sud, et dont on ne connoît guère que les côtes; ce sont:

La nouvelle Guinée, qui se trouve vers l'Équateur, à l'est de l'Asie;

La nouvelle Bretagne, au nord-est de la nouvelle Guinée;

La nouvelle Hollande, qui par son étendue forme un véritable continent, et comme une cinquième partie du monde.

D. Quelles sont les principales îles de la mer du Sud, dans la partie du milieu?

R. Ces principales îles sont:

La nouvelle Calédonie;

Les îles Otaïti;

Les îles Marquises, etc., etc.

TABLEAU comparatif des anciennes et nouvelles divisions de la France.

FRANCE.

Anciennes Provinces.	*Départements.*
Flandre française. . . .	1 Nord.
Artois, etc.	2 Pas-de-Calais.
Picardie.	3 Somme.
Normandie.	4 Seine-Inférieure.
	5 Eure.
	6 Calvados.
	7 Manche.
	8 Orne.
Isle-de-France.	9 Seine.
	10 Seine-et-Oise.
	11 Seine-et-Marne.
	12 Oise.
	13 Aisne.
Champagne.	14 Marne.
	15 Ardennes.
	16 Aube.
	17 Haute-Marne.
Lorraine, et Trois-Évêchés.	18 Meuse.
	19 Moselle.
	20 Meurthe.
	21 Vosges.
Alsace.	22 Rhin-Bas.
	23 Rhin-Haut.
Bretagne.	24 Ille-et-Vilaine.
	25 Côtes-du-Nord.
	26 Finistère.
	27 Morbihan.
	28 Loire-Inférieure.
Maine et partie de l'Anjou.	29 Sarthe.
	30 Mayenne.

Anciennes Provinces.	*Départements.*
Anjou et Saumurois...	31 Maine-et-Loire.
Touraine........	32 Indre-et-Loire.
Orléanais........	33 Loiret. 34 Eure-et-Loir. 35 Loir-et-Cher.
Berry..........	36 Cher. 37 Indre.
Nivernais........	38 Nièvre.
Bourgogne........	39 Yonne. 40 Côte-d'Or. 41 Saône-et-Loire. 42 Ain.
Franche-Comté.....	43 Haute-Saône. 44 Doubs. 45 Jura.
Poitou..........	46 Vienne. 47 Deux-Sèvres. 48 Vendée.
Aunis et une partie de la Saintonge.	49 Charente-Inférieure.
Marche, Haut-Limousin et partie du Haut-Poitou.........	50 Creuse.
Bourbonnais.......	51 Allier.
Angoumois et une partie de la Saintonge....	52 Charente.
Limousin........	53 Haute-Vienne. 54 Corrèze.
Auvergne........	55 Cantal. 56 Puy-de-Dôme.
Lyonnais.........	57 Rhône. 58 Loire.
Dauphiné........	59 Isère. 60 Hautes-Alpes. 61 Drôme.

Anciennes Provinces.	*Départements.*
Guyenne et Gascogne.	62 Dordogne.
	63 Gironde.
	64 Lot-et-Garonne.
	65 Lot.
	66 Aveyron.
	67 Gers.
	68 Landes.
	69 Hautes-Pyrénées.
Béarn, etc.	70 Basses-Pyrénées.
Foix, *Couserans* et partie du Languedoc.	71 Ariège.
Roussillon, *Cerdagne*, *etc.*	72 Pyrénées-Orientales.
Languedoc.	73 Haute-Garonne.
	74 Tarn.
	75 Tarn-et-Garonne.
	76 Aude.
	77 Hérault.
	78 Gard.
	79 Ardèche.
	80 Lozère.
	81 Haute-Loire.
Provence.	82 Bouches-du-Rhône.
	83 Basses-Alpes.
	84 Var.
Isle-de-Corse.	85 Corse.
Pays Réuni.	
Comtat Venaissin, Orange, etc.	86 Vaucluse.

FIN.

TABLE ALPHABÉTIQUE

DES VILLES INDIQUÉES DANS CET ABRÉGE DE GÉOGRAPHIE.

A

B

C

D

N

O

T

U

V

W

Y

Z

FIN DE LA TABLE ALPHABÉTIQUE.

www.ingramcontent.com/pod-product-compliance
Ingram Content Group UK Ltd.
Pitfield, Milton Keynes, MK11 3LW, UK
UKHW020323230726
13925UKWH00002B/595

9 782014 467888